世界的风景，就在我们眼中。

快意畅游

开始在德国自助旅行

林呈谦◎编著/摄影

北京·旅游教育出版社

北京市版权局著作权合同登记图字：01-2014-0706
策划编辑：陈凤玲
责任编辑：陈 志

图书在版编目（CIP）数据

开始在德国自助旅行 / 林呈谦编著、摄. — 北京：旅游教育出版社，2015.1
（快意畅游）
ISBN 978-7-5637-3090-2
Ⅰ．①开… Ⅱ．①林… Ⅲ．旅游指南—德国 Ⅳ．①K951.69
中国版本图书馆CIP数据核字（2014）第307905号

《開始在德國自助旅行》
中文简体版©2014由旅游教育出版社发行
本书由台湾太雅出版有限公司通过安伯文化事业有限公司授权旅游教育出版社在中国大陆独家发行中文简体字版本。
非经书面同意，不得以任何形式任意重制、转载。

开始在德国自助旅行（快意畅游）

林呈谦 编著 / 摄影

出版单位：	旅游教育出版社
地　　址：	北京市朝阳区定福庄南里1号
邮　　编：	100024
发行电话：	（010）65778403　65728372　65767462（传真）
E-mail：	tepfx@163.com
排版单位：	北京旅教文化传播有限公司
印刷单位：	北京利丰雅高长城印刷有限公司
经销单位：	新华书店
开　　本：	787毫米×960毫米　1/16
印　　张：	7.5
字　　数：	101千字
版　　次：	2015年1月第1版
印　　次：	2015年1月第1次印刷
定　　价：	32.80元

（图书如有装订差错请与发行部联系）

◎编者语

出发，自助旅行去德国！

喜欢自助旅行，
因为不仅游程、时间能自己决定，
旅费也能依情况自行控制，
想艰苦点就找便宜的民宿旅店，
尝当地平民小吃；
想奢侈点也能住两晚星级饭店，
大啖豪华美食。
心有余裕，还能交上几个异国好友。
一步一脚印，踩在异国土地上，感觉特别踏实，回忆特别丰满！

快意畅游书系，是自助旅行者最好的帮手，
从行前的护照、签证申办，行李打包开始，
到抵达该国机场后办理出关手续，
以及解决一般人最伤脑筋的当地交通、住宿问题，都有详细的图解，
读者只要跟着书中的指导，就能轻松完成一趟愉快的自助旅程。

《开始在德国自助旅行》的作者更是用尽心思，
将在德国旅游的各种细节，尤其是当地的铁路交通系统，
做十分详细的解说，还特别整理出自己省钱省时的旅游秘技与读者分享，
相信是在德国旅游最棒的入门书，
拥有这本书，您将更能享受去德国自助旅行的乐趣！

◎作者序

德国，历史悠久文化多元的国度

在德国旅行，也许看不到光鲜亮丽的表象，游客也没有多到要把景点挤爆，也见不到沿街叫卖的热情小贩，似乎也没有纯粹度假的闲情。但是当您了解了德国的基本规律，即可敞开心胸，拥抱这个国家，天天都是学习之旅。

在德国，不用像在南欧购物或用餐时担心被坑被骗，也无须像在西欧的大城市观光要时时严防扒手，也不会像在东欧旅行时担心没人懂英文而感到无助，也不像在北欧地广人稀错过班车会延误整个行程。

不论您是来学习德文、进修深造、参展拓商、参加文化节庆或体育活动，可借由本书了解德国，旅行时随身携带本书，将会时时拥有十分安适的感觉以及完全优质的享受。让每一趟的德国行，都将成为美好的回忆。祝您旅途平安愉快！

作者 **林呈谦**

编辑部提醒

出发前，请记得利用书上提供的数据再一次确认

每一个城市都是有生命的，会随着时间不断成长，"改变"于是成为不可避免的常态，虽然本书的作者与编辑已经尽力，在书中呈现最新、最完整的资讯，但是，我们仍要提醒本书的读者，必要的时候，请多利用书中的电话、网站，再次确认相关信息。

资讯不代表对服务品质的承诺

本书作者所提供的酒店、餐厅、商店等资讯，是作者个人经历或采访获得的资讯，本书作者尽力介绍有特色与价值的旅游资讯，但是过去有读者因为店家或机构服务态度不佳，而产生对作者的误解。敝社声明，"服务"是一种"人为"，作者无法为所有服务生或任何机构的职员承诺他们的品行，甚或是费用与服务内容也会随时间变动，所以，因时因地因人，可能会与作者的体会不同，这也是旅行的特质。请读者培养电话确认与查询细节的习惯，来保护自己的权益。

感谢热心读者的来信

过去快意畅游系列图书，通过许多读者的来信，得知更多的资讯，甚至帮忙修订，非常感谢你们帮忙的热心与爱好旅游的热情。欢迎读者将您所知道的变动后信息，提供给旅游教育出版社编辑部。E-mail:tepch@126.com

目录 CONTENTS

- 05 编者语
- 06 作者序
- 10 如何使用本书

13
认识德国
德国，是个什么样的国家？
- 14 德国小档案
- 19 应用德语ABC

21
行前准备
出发前，要做哪些准备？
- 22 搜集资料
- 23 要准备的证件
- 26 准备换汇、行李

29
机场篇
抵达机场后，如何顺利入出境？
- 30 法兰克福国际机场
- 33 从法兰克福机场到其他城市
- 35 慕尼黑国际机场
- 36 德国境内航空交通
- 38 从德国搭机回中国
- 39 应用德语ABC

41
住宿篇
在德国旅行，有哪些住宿选择？
- 42 德国住宿有哪些选择
- 44 如何找旅馆
- 45 应用德语ABC

47
交通篇
德国走遍遍，该用什么交通工具？
- 48 认识德国的铁路系统
- 49 ICE高速铁路系统
- 53 认识其他德国列车
- 55 在德国如何搭火车
- 66 省时、省钱的夜车之旅
- 70 市内交通
- 79 应用德语ABC

9 ········ Traveling in Germany

105
购物篇
到德国，哪里最好买？
106 如何在德国轻松购物
109 不可错过的德国特产
111 应用德语ABC

79
饮食篇
在德国，吃什么风味美食？
80 在德国吃什么？
82 德国美食介绍
86 在餐厅用餐
88 街头美食
90 德国的菜单
91 应用德语ABC

113
通信篇
在德国，要打电话、上网、寄信怎么办？
114 打电话
116 上网
116 邮寄
116 应用德语ABC

93
玩乐篇
到德国，哪里最好玩？
94 德国特色景点
102 德国主题之旅
103 德国行程推荐

117
应变篇
在德国，发生紧急状况怎么办？
118 遇到紧急状况怎么办？
120 应用德语ABC

如何使用本书

本书依照旅行流程安排篇章顺序，对从出发前对德国的概念的了解、资料搜集、行李打包、签证、护照等证件办理，到抵达机场的出入境手续办理，以及德国当地的火车、地铁、巴士等交通搭乘详细解说，还提供当地住宿、通信、饮食、购物、赏玩等资讯；当然，遇到紧急情况时的应变方式，也都一一提供，全套德国自助旅行资讯尽在书中。

全书分成10个篇章

【认识德国】**德国是个什么样的国家**？提供德国地理环境、历史、气候、工业概况、币值、电压等基本概念。

【行前准备】**出发前，要预做哪些准备**？教你如何申请护照、签证，以及打包行李、兑换外币的诀窍，了解德国的假日节庆。

【机场篇】**抵达机场后，如何顺利入出境**？图解分析德国两大机场法兰克福及慕尼黑机场的出入境流程，并提供如何从机场到市区的交通方式。

【住宿篇】**在德国旅行，有哪些住宿选择**？介绍好用订房网站及多样住宿类型，从民宿、青年旅馆到五星级饭店都有。

【交通篇】**德国走遍遍，该用什么交通工具**？要怎么善用德国方便的火车与地铁？本篇将有详尽的列车介绍，以及介绍如何订票、搭车，还有省钱、省时的票券与车种，让你一书在手，行遍德国。

【饮食篇】**在德国怎么吃、怎么喝**？品尝当地美食，是出国旅游的一大盛事！本篇告诉你德国最地道的美食、不可错过的啤酒种类，以及美味实惠的餐厅，让你不用花大钱也能大啖美食。

【玩乐篇】**到德国，哪里最好玩**？告诉你不可错过的德国美景、最经典的德国主题之旅，还有一周游程建议，让你轻松规划赏游行程。

【购物篇】**到德国，该买什么纪念品**？入宝山岂能空手而回？来到德国当然得买点精美纪念品才不虚此行。什么是德国不可不买的特产，日常用品、礼品精品哪里买才划算，本篇都有详尽介绍。

【通信篇】**在德国，如何打电话、上网、寄信**？来到德国旅游，要怎么打电话跟中国的家人报平安呢？如何寄明信片回中国呢？要如何上网通信呢？在本篇中会详细介绍。

【应变篇】**在德国，发生紧急状况怎么办**？出门在外难免会遇到紧急状况，有备无患，遇到了也就不心慌手乱。本书预先为你准备了各种紧急情况的应变方法，不论是护照、机票、钱包遗失，还是遇上身体不适、内急情况，都能迎刃而解！

Traveling in Germany

1. 篇
以颜色区分各大篇,让你知道现在正阅读哪一篇

2. 单元小目录
每个篇开始前,详列该篇包含的主题,一目了然

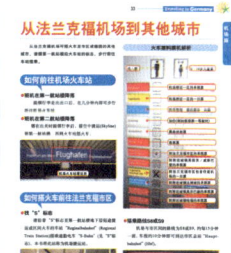
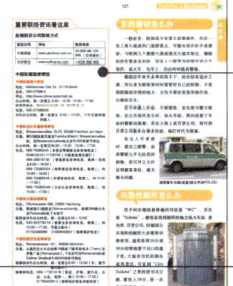

3. 资讯、秘诀小提醒
证件要去哪里办,办证件或买车票有何小秘诀,作者通通在此提醒你

4. 标志、机器说明
各种需注意的标志,像是搭车搭机资讯或购票机器的操作按钮插孔,都有详细拉线说明

5. 表格填写示范、票卡资讯解析
入境卡填写等均有实际例子供查看对照

6. 文、图步骤说明
不管是搭飞机、入出境,或是网上买车票,都有文字与图片搭配,清楚说明

7. 假日节庆重点整理
哪个季节有哪里好玩,作者重点整理——列表,供你行前参考规划

8. 实用德语会话
与场景相关的单词、会话一应俱全,中、德文对照,用手指也会通

开始在德国自助旅行

认识德国
About Germany

德国，是个什么样的国家？

　　认识德国，可以从它的地理、环境、气候、人口、语言或风俗礼节等去进行。但最深入浅出的研究，莫过于自己亲身处于当地，走在其中，深切体会异国文化。

德国小档案	14
地理	14
行政区域	14
历史	15
工商业现状	15
气候	16
时差	17
货币	17
电压	17
航程	17
语言	18
德国印象	18
应用德语ABC	19

德国小档案

德国小档案 01

地理 | 景观变化十分丰富

德国地形大致可以分为北部低地、中部台地及南部山地。全国到处有壮丽的山水风景，及绿意盎然的乡野，有许多世界知名的自然景观：如南方的阿尔卑斯山(Die Alpen)、西南方的黑森林(Schwarzwald)、西方的莱茵河(Der Rhein)、摩泽尔河(Die Mosel)、南部的多瑙河(Die Donau)、北部的易北河(Die Elbe)等。还有迷人的湖泊、苍翠的丘陵，加上北方的海滨，景观变化十分丰富。

德国主要城市位置图
(地图绘制/张蓓蓓)

德国小档案 02

行政区域 | 首都：柏林

德国的德文全名为"Bundesrepublik Deutschland"，英文为"Federal Republic of Germany"，中文为"德意志联邦共和国"。德意志这个名词是由德文的Deutsch来的。顾名思义德国是由许多"邦"联合组成的。

德国依历史疆界，将全国分为16个一级行政区，德文称Bundesland，简称Land；中文有人称"邦"(也有人称"州")。每个邦都有其历史渊源、风格、文化、传统，并有各种方言与独特性，它们唯一的共同点是都对其邦国感到自豪。最有独立性的邦为南方的巴伐利亚(德文Bayern；英文Bavaria)，它与西南方的巴登——符腾堡邦(Baden-Württemberg)同为当今德国经济实力最强的邦。

首都柏林(Berlin)则如同直辖市，自成一邦。北方的汉堡(Hamburg)及不莱梅(Bermen)是昔日汉撒同盟的自由市，自古便是独立自主，当今则为两个城市邦。其他前西德地区的邦，普遍都很富庶，重要的工商业大邦包括法兰克福所在的黑森邦(Hessen与黑森林无关)、包含鲁尔工业

德国小档案
人口：8 200万人
面积：357 000 平方公里

区人口最多的邦北莱茵—西法伦邦(Nordrhein-Westphalen)、以汉诺威(Hannover)为首府的下萨克森邦(Niedersachsen)等。

而前东德地区，目前唯有萨克森邦(Sachsen)的经济较为发达，其他4个邦的失业率都还居高不下(15%～20%)，是德国政府最头疼的问题。

德国小档案 03

历史 | 1990年东、西德统一

现今德国的土地上，虽然一直是日耳曼民族的世界，但在1870年之前的数百年，曾经是无数邦国林立、相互争战的局面；后来由以柏林为中心的普鲁士王国(德文Preussen，英文Prussia)，在铁血宰相俾斯麦的领导下，统一成德意志帝国(德文Deutsches Reich，英文German Empire)。

20世纪的德国，历经第一次世界大战→经济崩溃→纳粹崛起→第二次世界大战战败→东、西德分裂→西德经济奇迹→柏林围墙倒塌→全国再度统一等历史大事，可以说是命运最戏剧化的国家。

自从1990年东、西德统一至今已过了二十几年，人民跟政府面临许多问题，但也有许多成就。走一趟德国，必定可以深深体会历史对这个国家的影响有多么深远。

查理检查哨博物馆——诉说着东、西德的历史

德国小档案 04

工商业现状 | 重视品质与创新

做事情一板一眼、公私分明、实事求是的德国精神，常被拿来当作笑柄，其实，这种精神，正是要迈入法治国家及发展优质经济的国家最该效法学习的。

战后经济奇迹时代结束之后，德国因为人力成本过高，以及曾大量引进外劳(以土耳其人最多)，加上近年来东欧国家经济开放、人工低廉，德国经济于本世纪初饱受高失业率、低经济成长，以及产业出走之苦。

然而德国面对经济低迷，敢勇于做结构性的改革，终于在2008、2009年金融风暴以及2011年之后的欧债危机中，看到了改革的成果。德国经济的表现相对出色，积极充当振兴欧洲经济的火车头，失业率(包括青年失业率)在欧盟国家中是最低的国家之一，值得许多国家做结构性的改革时参考。

德国主要的经济形态，也早已从高品质的制造业，转变为发展先进与精密的技术，并更加注重商业与服务业，以及拓展运通业的版图，许多公司正致力于创新的经营模式，以因应瞬息万变的全球经济。

【各式各样的工商展览】

各式各样的工商大展，在全德十几个城市不断进行，将各国同业人士齐聚一堂，以拓展商机、开阔视野。加上欧盟的东扩，吸引大量德国企业前去投资，在东欧国家的新商场，常可看到德国公司的品牌。德国人寄望这些都是他们经济发展再进步的契机。

德国小档案 05

气候 | 四季变化分明

德国处于大西洋和东部大陆性气候之间的凉爽西风带，气候温和，但因山区及沿海地区位置的不同而有气温的差异。降雨分布在一年四季，山区降雨较多。

一般而言，南方因为地处内陆且较接近阿尔卑斯山脉，所以降雪较多；北方因接近大海、西方因有莱茵河，所以气候较为温和。

冬季平均气温在0℃～10℃。7月平均气温

冬天寒冷，普遍都会下雪

15℃～25℃；春季(3～5月)凉冷，但百花盛开；夏季(6～8月)凉爽，但少数几天可能会热到二十几度，因许多房子并没有冷气，所以需忍耐；秋季(9～11月)转凉变冷，落叶纷飞；冬季(12月～隔年2月)对国人而言，算是相当寒冷。

春、秋昼夜温差大，夏、冬则日照时数差异大。盛夏(6、7月)的晴天，又因有夏令时间(拨快1小时)，所以到晚上10点半才天黑，冬天(如12月、隔年1月)则下午4点就天黑了。全年只有6、7、8月确定不用开暖气，也是旅游最热门的季节。夏天除了穿短袖衣服外，最好随时带着薄外套，阴凉及下小雨的天气，在夏天十分常见。冬天出门则需穿厚外套或大衣，但室内则十分温暖。

夏天气候佳，户外活动随处可见

各地高、低温度参考表

城市	℃	1月	2月	3月	4月	5月	6月	7月	8月	9月	10月	11月	12月
东．柏林	高温	2	4	8	13	19	22	23	23	19	13	7	3
	低温	-3	-2	0	4	8	11	13	12	9	6	2	-1
南．慕尼黑	高温	2	4	8	13	17	21	23	22	19	14	7	3
	低温	-5	-4	-1	3	7	10	12	12	9	4	0	-4
西．科隆	高温	5	6	10	14	19	21	23	23	20	15	9	6
	低温	-1	-1	1	4	8	11	12	12	10	6	2	0
北．汉堡	高温	5	6	10	14	19	21	23	23	20	15	9	6
	低温	-1	-1	1	4	8	11	12	12	10	6	2	0
平均降雨日		11	10	12	10	12	13	11	10	9	8	11	12

德国小档案 06

时差 | 夏季6小时、冬季7小时

德国比我们慢7小时，夏令时间4月中旬～10月下旬，比我们慢6小时，如德国是12:00，我们已是18:00(夏季)或19:00(冬季)。

德国小档案 07

货币 | 1欧元约合7.8元人民币

自2002年起，德国跟欧盟的十几个国家一样，停用原来的货币——德国马克，改用欧元，欧元的说法为"EURO"，符号为"€"。现今币值，1欧元约合7.8元人民币。

欧元的纸钞设计展现欧洲的建筑特色，不强调国家，面额有500、200、100、50、20、10、5欧元；硬币的正面为统一样式，但背面则彰显各国风格，德国的为勃兰登堡门及老鹰国徽，面额有2欧元、1欧元、50分(Cent)、20分、10分、5分、2分、1分。

cent=分，euro=欧元，1欧元=100分，0.5欧元=50分

德国小档案 08

电压 | 220V，需转换插头

与欧陆其他国家一样同为220V。插头也与欧陆多数国家相同，为两支圆形的金属。一般而言，笔记本电脑的变压器适用于德国的220V。一般电器，如吹风机也可用。

德国小档案 09

航程 | 不到11小时，直飞

若北京出发，直飞柏林只需9.5小时，直飞法兰克福只需10小时多一点，直飞慕尼黑不到10.5小时；若从上海出发，直飞法兰克福需12个小时左右，直飞慕尼黑不到12个小时。可选择中国国际航空公司或者德国汉莎航空公司等航空公司的直飞航班。

5欧元

10欧元

20欧元

50欧元

100欧元

200欧元

500欧元

2欧元

1欧元

50分

20分

10分

5分

2分

1分

德国小档案 10

语言 | 英文沟通没问题

德文通行于德国、奥地利以及瑞士的大部分地区。因与英文同为条顿语系，所以有许多单词与英文类似，对德国人来说，学习英文不算困难，所以在大城市或公共场所，会讲英文的年轻人其实不少，他们也不会排斥与游客用英文沟通。至于发音，愈往南部，口音就与标准德文差愈多。

单词的拼法，与英文意思相同的单词，拼法一定不太一样(例如"样式"在英文是"Style"，在德文是"Stil")。拼法相同的单词，大都是巧合，意思也一定大不相同(例如"Art"在英文是"艺术"，在德文是"样式")，所以不宜随便乱猜。

发 音

德文的基本母音与汉语拼音极像，拼音法与罗马拼音类似，而且几乎所有的单词都遵循此发音规则，看到字母就犹如看到音标，十分易学！

母音发音对照表		子音发音对照表	
拼词	拼音	拼词	拼音
ai, ei	发 [ai]	sch	类似英文 sh
ie	发 [i]	tsch	类似英文 ch
au	发 [au]	ch 在 a 之后	发无声的 [ha]，如"哈"音
eu 与 äu	发如同 [oi]	ch 在 o 之后	发无声的 [ho]，如"侯"音
ä	同 e	ch 在 u 之后	发无声的 [hu]，如"呼"音
ö	类似 ue(约)	ch	在其他情况发无声的[hi]
ü	类似 ü(鱼)	s	发英文的 [z]
y	同 ü	ss 与 ß	发英文的 [s]
		z	发英文的 [ts]
		c	发英文的 [ts]
		st, sp 的 s	发英文的 sh
		th	发英文的 [t]
		j	发英文的 y 音
		w	发英文的 [v]
		v	发英文的 [f]
		r	有点振音，类似[l]，又类似[h]

其余没列的与英文同，例如p、t、k、m、n等，与英文一样。请注意，德文的名词一律以大写开头。复合名词会写成长长的一个词，如"Geschwindigkeit"是速度，"Begrenzung"是限制，限速就成了"Geschwindigkeitsbegrenzung"。外来语如果是英文或法文，会以原英文或法文来发音。

德国小档案 11

德国印象 | 你认识这么多德国名人呢！

艺文&学术界的德国名人
- 科学家：爱因斯坦(Albert Einstein)、伦琴(Wilhelm Conrad Röntgen)、普朗克(Max Planck)
- 哲学家：黑格尔(Georg Wilhelm Friedrich Hegel)、马克思(Karl Marx)、康德(Immanuel Kant)
- 作家诗人：歌德(Johann Wolfgang von Goethe)大文豪；格林兄弟(Jacob und Wilhelm Grimm)童话作家、席勒(Friedrich Schiller)诗人、剧作家；海涅(Heinrich Heine)诗人、文学家；聚斯金·德(Patrick Süskind)作家，著《香水》
- 学者、发明家：威廉·洪堡(Wilhelm von Humboldt)教育家、高斯(Carl Friedrich Gauß)数学家、亚历山大·洪堡(Alexander von Humboldt)地理学家、古登堡(Johannes Gutenberg)西方活字版印刷发明人、戴姆勒(Gottlieb Daimler)汽车之先驱、宾士(Carl Benz)汽车之先驱

音乐界的德国名人
- 巴赫(Johann Sebastian Bach)、瓦格纳(Richard Wagner)、贝多芬(Ludwig van Beethoven)、勃拉姆斯(Johannes Brahms)
- 韩德尔(Georg Friedrich Händel)

演艺时尚界的德国名人
- 超级名模：海蒂·克隆(Heidi Klum)、克劳迪娅·希弗(Claudia Schiffer)
- 时尚大师：卡尔·拉格斐(Karl Lagerfeld)
- 执导《欲望之翼》、《云上的日子》、《里斯本的故事》《乐士浮生录》的国际名导演维姆·文德斯(Wim Wenders)
- 出演《特洛伊》、《国家宝藏》的黛安·克鲁格(Diane Kruger)

运动界的名人
- 网坛球后：格拉芙(Steffi Graf)
- 网坛神童：鲍里斯·贝(Boris Becker)
- F1车手：舒马赫兄弟，兄Michael、弟Ralf Schumacher
- 足球门将：卡恩(Oliver Kahn)

政治家、宗教改革人物
- 现任总理——安格拉·默克尔(Angela Merkel)
- "铁血宰相"的军事政治家——俾斯麦(Otto von Bismarck)
- 宗教改革者——马丁·路德(Martin Luther)

应用德语ABC

日常用语

是 Ja
不是 Nein
谢谢 Danke / Danke schön
不客气 Bitte / Bitte schön
对不起 Entschuldigung
哈啰 Hallo
早安 Guten Morgen!
日安 (见面用) Guten Tag!
　　(南方地区说 Grüss Gott!)
晚安 (见面用) Guten Abend!

晚安 (道别用) Gute Nacht!
您好吗? Wie geht es Ihnen?
我很好 Mir geht es gut.
再见 Auf Wiedersehen!
再见 (口语) Tschüss!
你可以帮我吗? Können Sie mir helfen?
我想要…… Ich möchte...
我只会说一点德文。Ich spreche nur wenig Deutsch.
我不懂 Ich verstehe nicht

时间与数字

现在几点? Wieviel Uhr ist es?
昨天 / 今天 / 明天 gestern / heute / morgen
上午 / 下午 / 晚上 Vormittag / Nachmittag / Abend
一点钟 Um 1 Uhr
分钟 / 小时 Minute(n) / Stunde(n)
日 / 星期 / 月 / 年 Tag(e) / Woche(n) / Monat(e) / Jahr(e)

星期一 Montag	一 Eins	十一 Elf	六十 Sechzig
星期二 Dienstag	二 Zwei	十二 Zwölf	七十 Siebzig
星期三 Mittwoch	三 Drei	十三 Dreizehn	八十 Achzig
星期四 Donnerstag	四 Vier	十九 Neunzehn	九十 Neunzig
星期五 Freitag	五 Fünf	二十 Zwanzig	百 Hundert
星期六 Samstag	六 Sechs	二十一 Ein-und-zwanzig	千 Tausend
星期日 Sonntag	七 Sieben	二十二 Zwei-und-zwanzig	万 Million
	八 Acht	三十 Dreißig	
	九 Neun	四十 Vierzig	
	十 Zehn	五十 Fünfzig	

开始在德国
自助旅行

行前准备
Preparation

出发前，要做哪些准备？

去德国旅行前，要准备的有不少。要检查护照、要办理签证、要换欧元、要打包行李、要收集旅游资料……当然，还要准备好旅游的心情喔！

搜集资料	22
节庆与假日	22
要准备的证件	23
申办护照	23
申办签证	23
申办国际学生证ISIC	25
申办国际青年证IYTC	25
申办国际青年旅舍会员卡（Y.H.A）	25
准备换汇、行李	26
货币汇兑	26
看天气打包行李	26

搜集资料

行前最好能看旅游书多了解德国，参照本书可让旅行更加顺畅，帮助你轻松面对旅途中的各种问题。现在网上资讯海量，可上德国相关网站查询，有助于了解德国。

旅游资讯看这里

德国城市网站：www.城市名.de

查询时只需于www后面输入欲查询的城市名称即可，例如柏林为www.berlin.de；法兰克福为www.frankfurt.de。若该城市的德文名有字母 ä、ö、ü，则键入ae、oe、ue，如慕尼黑的德文München，网站为www.muenchen.de。德国的城市网站都有英文版，且资讯十分新颖丰富，是绝佳的参考网站。

其他德国相关网站

德国驻中国大使馆
www.china.diplo.de

德国国家旅游局
www.germany.travel/cn

德国生活网
www.livehere.de

节庆与假日

日期	节日	内容
1月1日	Neujahr 新年	全国放假
1月6日	Heilige Drei Koenige 主显节	部分邦放假
2月中、下旬	Karneval/Farsching/Fasnet 嘉年华会	街头有嘉年华会游行，可庆祝数日。以德国西部莱茵河区最热烈，其次为德国西南部及南部
2月下旬	Berlinale 柏林电影节	在柏林波茨坦广场有电影节活动，可欣赏许多电影并有机会一睹巨星风采
4月上旬或中旬周末	Ostern 复活节	此周末从周五(Karfreitag)放假至下周一(Ostermontag)，处处以彩蛋及春天兔子为主题
4月中旬至下旬	Fruehlingsfest 春季节庆	各地有类似啤酒节之吃喝玩乐活动
5月1日	Tag der Arbeit 劳动节	全国放假。左派及工会有游行
5月中旬	Christi Himmelfahrt 基督升天日	全国放假。男人会聚集畅饮啤酒
5月下旬或6月上旬	Pfingsten	全国放假长周末。周日称Pfingstsonntag，周一称Pfingstmontag
6月上旬或中旬	Fronleichnam	部分邦放假
7～8月中的一个半月	Sommerferien 学生暑假	各地都是度假的气氛，各邦暑假时间会稍微错开，以分散度假交通车流
8月	Maria Himmelfahrt 圣母升天日	部分邦放假
9月下旬～10月初	Oktoberfest 十月啤酒节	以慕尼黑啤酒节最盛大，其他许多城市亦有类似啤酒节之吃喝玩乐活动
10月3日	Tag der deutschen Einheit 德国统一日	庆祝1990年东、西德统一，首都柏林会有较大的庆祝活动，每年各邦轮流，在该邦首府办庆祝活动
11月初	Allerheiligen 万圣节	部分邦放假
11月底～圣诞节	Weihnachtsmarkt 圣诞集市	全国各大小城市的集市广场均有各式摊位出售圣诞节礼品及应景食品，并有滑冰等玩乐设施，连很小的城镇也一定有盛大之圣诞集市，此为德语国家一大特色。最有名的是纽伦堡的圣婴集市
12月25、26日	Weihnachten 圣诞节	全国放假
12月31日	Silvester 除夕	全国放假

*上述 的"放假"，系指银行不上班之假日即"Bank holiday"。大多数商店在这些假日也不营业。一些宗教性节日，并无固定的日期，而是与周末结合成长周末。

要准备的证件

申办护照

第一次出国还没有护照的或者护照有效期不足6个月的，需要亲自至本人户口所在地公安局的出入境管理处办理，也可视居住地就近办理。只要符合一定条件，非户籍地人员可向居住地（实施异地可申请护照的城市名单可参见下文所列）的有关地方公安机关出入境管理机构提请普通护照的申办。

如果要申办电子普通护照，在办理程序方面会增加采集申请人指纹信息及当场签署本人姓名的内容，其他准备材料、办理时限和收费标准均与普通纸质护照相同。申办护照需要准备的文档有：

1. 近期免冠照片1张以及填写完整的《中国公民因私出国（境）申请表》（可从公安部出入境管理局网站www.mps.gov.cn/n16/n84147/n84211/n84364/4098828.html进行下载）。
2. 居民身份证和户口簿及复印件（在居民身份证领取、换领、补领期间，可提交临时居民身份证和户口簿及复印件）。
3. 未满16周岁的公民，应当由其监护人陪同，并提交其监护人出具的同意出境的意见、监护人的居民身份证或者户口名簿、护照及复印件。
4. 国家工作人员应当按照有关规定，提交本人所属工作单位或者上级主管单位按照人事管理权限审批后出具的同意出境的证明。
5. 省级地方人民政府公安机关出入境管理机构报经公安部出入境管理机构批准，要求提交的其他材料。
6. 普通护照的办理及补发费用均为每本200元人民币，护照加注每项20元人民币。

护照这里办

1. **本人户籍所在地**。可至本人户口所在地公安局的出入境管理处申请办理护照。
2. **非本人户籍所在地**。截至2014年7月，实施异地可申请护照的城市有：北京、天津、石家庄、太原、呼和浩特、沈阳、大连、长春、哈尔滨、上海、南京、无锡、常州、苏州、杭州、宁波、温州、嘉兴、舟山、合肥、福州、厦门、泉州、南昌、济南、青岛、郑州、武汉、长沙、株洲、湘潭、广州、深圳、珠海、东莞、佛山、南宁、海口、重庆、成都、贵阳、昆明、西安，共计43个。符合条件的可持有效的申请材料以及相关证明材料，向有关地方公安机关出入境管理机构提请普通护照的申办。但年龄在60周岁（含）以上，且在非户籍地居住6个月（含）以上的老人（登记备案国家工作人员除外）可不受上述限制，无论在哪个省、自治区、直辖市的暂（居）住地，都就近提交普通护照的申请。

*以上资料可能会随时有更新，请在出发前再次加以确认。

申办签证

如果赴德国旅游，最长逗留时间为3个月，可申请申根签证。申请人可自由选择下面两种递签方式：其一，通过使馆专门委托的中智签证公司的签证申请受理中心递交签证申请；其二，直接通过使领馆预约递签时间并亲自去使领馆面签。为了不耽误旅行计划，最好提前一个月提出签证申请。申办签证需要准备以下材料：

1. 必须提供护照，要有护照复印件。
2. 2寸免冠近期照片4张（白背景，每张照片背面用铅笔写上名字）。
3. 完整填写的个人签证申请表1份。
4. 本人身份证复印件1份。
5. 户口本的整本复印件（不可缺页）1份。
6. 本人金额至少5万元以上的存款证明原件（如户

Traveling in Germany

行前准备

签证这里办

德国驻中国使领馆

德国驻中国大使馆
地址：北京市朝阳区东直门外大街17号。签证处入口为三里屯西五街/新东路路口
开放时间：周一至周四 8:00～12:00 13:00～17:30
　　　　　周五 8:00～12:00 12.30～15:00
电话：010-8532 9000

德国驻成都总领事馆
地址：成都市人民南路4段19号威斯顿联邦大厦25层
电话：028-8528 0800
办公时间：周一至周五 9:00～12:00

德国驻广州总领事馆
地址：广州市天河路天河路208号粤海天河城大厦14楼
电话：020-8313 0000
办公时间：周一至周五 8:30～11:30

德国驻上海总领事馆
领事签证处地址：铜仁路299号SOHO东海广场8楼
领事处办公时间：周一至周五8:30～11:30
领事处电话：021-6032 6500

中智签证TLScontact

北京TLScontact
地址：北京市朝阳区东直门外大街26号奥加饭店（中服商务酒店）3层
电话：010-6413 1878（全国服务电话）

成都TLScontact
地址：成都市锦江区大业路6号财富中心C楼10层
电话：028- 6676 6560

广州TLScontact
地址：广州市越秀区环市东路326号
　　　亚洲国际大酒店1303室
电话：020- 6113 2867

沈阳TLScontact
地址：沈阳市和平区十一纬路82号
　　　皇城商务酒店1508室
电话：024- 8861 9591

武汉TLScontact
地址：武汉市江汉区建设大道566号
　　　新世界国贸大厦二座808室
电话：027- 5151 9878

*以上资料可能会随时有更新，请在出发前再次加以确认。

主是配偶姓名，要提供结婚证原件）。

❼ 在职人员须提供在职证明原件1份（使用单位A4正规彩色抬头纸）、单位营业执照副本1份、银行工资卡存折或工资银行卡对账单（必须是最近3个月的）。

❽ 学生需提供在校证明，必须提供成绩单。

❾ 签证申请费60欧元，不可返还，以当日汇率为准。

❿ 签证服务费，包括签证申请过程中的预约、材料审核、申请表格录入等各项服务，计人民币248元。

欧盟申根会员国

截止到目前为止，共有26个申根成员国，即奥地利、比利时、捷克、丹麦、爱沙尼亚、芬兰、法国、德国、希腊、匈牙利、冰岛、意大利、拉脱维亚、列支敦士登、立陶宛、卢森堡、马耳他、荷兰、挪威、波兰、葡萄牙、斯洛伐克、斯洛文尼亚、西班牙、瑞典、瑞士。

欧盟非申根国

罗马尼亚、保加利亚、塞浦路斯、英国、爱尔兰。

办理申根签证需要注意的事项

1. 如果只去某一个申根国家，根据规定办理改过的签证即可。
2. 如果过境某一申根国或几个申根国前往另一申根国，应申办另一申根国的签证。
3. 如果要前往几个申根国，应申办主访申根国或停留时间最长的申根国的签证。
4. 如果一时无法确定主访国时，可申办第一个前往的申根国的签证。
5. 各个申根国家颁发签证所需的材料要求不变，必要时受理国可要求提供附加材料。

6. 申根签证不能逐个国家去申办，统一在某一个申根国办理即可。
7. 办妥一国签证即可进入其他申根国，如被某一申根国拒签即意味着也被其他申根国拒签。
8. 有了申根签证并不意味着能自由进入所有欧盟国家。虽然申根会员国属共同国界管理，在申根区国家间不会进行国境检查，但如果去非申根欧盟国家时如英国，经过国境时仍须检查护照与签证。

申办国际学生证ISIC

国际学生证（ISIC，International Student Identity Card）是国际认可的学生证明证件，可享受博物馆、景点门票、电影票、住宿及交通工具票的优惠，是旅行的一大省钱帮手。只要是年满12岁的全日制在校生，出示学生证明即可办理。需要特别注意的是此证的有效期限，该证以新学期开学的9月作为划分界限。如果是9月以前办理的，那么有效期就是当年的12月底；如果是9月以后办理的，有效期则至隔年的12月底。

申办国际青年证IYTC

如果您不是学生，但属于26岁以下的青年，则可办理国际青年证（IYTC，The International Youth Travel Card），可享受飞机、火车、渡轮、巴士、汽车租赁、旅行团、餐饮、博物馆、电影院、观光景点、表演、购物等优惠，非常实用。此证自办理之日起，一年内有效。

申办国际青年旅舍会员卡(Y.H.A.)

想入住便宜的国际青年旅舍（Hostelling International），即使没有青年旅馆会员卡也可以投宿，不过费用会贵一点。若在你的规划行程中，大部分的住宿地点会选择这个联盟的青年旅馆，建议在出发前办理一张会员卡会比较划算。虽名为"青年"，但实际申办并没有年龄限制（12岁以下儿童不需要办理），一年有效，全世界都可通用。

图片截取自国际青年旅舍中国网站

三大证件这里办

国际学生证ISIC
官方网址：http://www.isic.org
资格：年满12岁的全日制在校生
所需文件：申请表、2寸近期证件照1张、学生证
费用：人民币85元

国际青年证IYTC
资格：未满26岁的青年人
所需文件：申请表、1寸彩色有效证件照1张、身份证或出生证明文件
费用：人民币85元

国际青年旅舍会员卡(Y.H.A.)
官方网址：http://www.yhachina.com
资格：无资格限制
所需文件：会员申请表（可网上填写，也可下载后填写）
费用：人民币50元
办理方式：可网上办理，或邮寄至国际青年旅舍中国总部办理。也可至各家青年旅馆的前台办理，还可到各代理商处办理。

国际青年旅舍中国总部
办公地址：广州市天河区体育西路103号维多利亚广场A塔3606室（510620）
办公时间：周一~周五的9:00~18:00（12:30~14:00 为午休时间）

＊以上资料可能会随时有更新，请在出发前再次加以确认。

准备换汇、行李

货币汇兑

建议在国内银行先兑换一些欧元现钞，并可携带欧元旅行支票，如此可兼顾方便与安全。信用卡的使用在大城市很普遍，可多加利用，但小城镇或小旅馆可能只能用现金。

德国当地可以汇兑的地方

1. 银行：德国的银行受理人民币的汇兑，银行的营业时间大多从09:00～17:00，但中午会休息。

2. 街头汇兑处：大城市的街头亦有许多汇兑处，可用人民币换成欧元现钞，虽方便但较不划算。

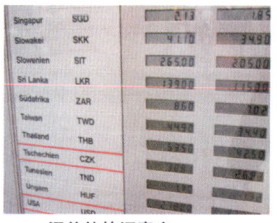

汇兑处的汇率表

3. ATM提款机：有些提款机可使用国内发行的提款卡或信用卡提领现金，但会被扣一定的手续费，并不便宜。德国的提款机，通常不会打印明细，请特别注意。

您的信用卡或提款卡如果有属屏幕上的这些种类，可在此提款机上提取现金

如何使用旅行支票

上款签名以免被盗用

换好旅行支票记得一定要马上在上款签名，以免被人盗用，等到在德国当地购买物品或要兑换成现金时，再于下款签名即可。

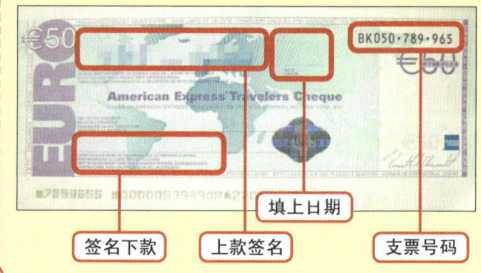

签名下款　上款签名　填上日期　支票号码

看天气打包行李

德国最佳旅行时节为5～10月。可根据出行季节和旅行时间来准备携带的物品。若夏季时分到德国，因为湿度较低，即使温度很高，也不会觉得难受；而且德国即便到了晚上10点，有些地方的天空还是明亮的。若冬季到访德国，除了寒冷外，日照时间也短。行前，不妨通过网络或者电视关注一下德国的天气状况。一般来说，出门旅行因为要时不时走路，最好选择舒适的衣服和鞋子。

购买机票相关网站

德国驻中国大使馆
http www.china.diplo.de

德国国家旅游局
http www.germany.travel/cn

行李检查表

✓ 物品	说明
重要物品：证件、现金、信用卡和相机等贵重物品，必须随身携带。	
护照正本和复印本	有效期限至少剩6个月，记得复印备份。正本和复印本应分开放好，也可预留一份给家人,以备不时之需。
签证正本和复印本	检查签证上姓名是否与护照符合，并复印备份。正本和复印本应分开放好，亦可预留一份给家人,以备不时之需。
机票正本和复印件	检查机票上的姓名是否与护照符合，使用电子机票可避免遗失；若为纸本机票，正本和复印本应分开放好,亦可预留一份给家人,以备不时之需。
旅游保险单	仔细阅读保单内容，并谨记理赔所需文件。
信用卡和国际借记卡	携带信用卡可减少携带现金之风险，视需要向发卡银行申请信用额度调整，并确认跨国提款密码。
旅行支票	旅行支票记得要先在上款签名，以防遗失时被冒用。购买旅行支票的收据应保留，并记录旅行支票号码,挂失时可缩短补发时间。
现金	兑换欧元现钞，以50欧元以下的面额为主。
驾照	请在出发前申请，并随身携带，租车时必备。
国际学生证、青年证、青年旅舍会员卡	行程中若有需要用到这些证件，请在出发前先办好，并注意证卡的有效期限。
证件大头照	可多带几张，若要在德国当地申办证件可以派上用场，护照若不慎遗失，补办时也需要用到。
个人备注	
个人用品：目前规定100ml以上液膏胶状物，登机时不能随身带，要放行李箱。	
衣服、外套	先查看气象预报以准备合适衣服；夏天早晚温差大，薄外套于冷气间或夜间时可穿着；冬天寒冷,需注意保暖，帽子、围巾、手套等不可缺少。
正式服装	观赏正式表演或上高级餐厅用餐时，均须穿着正式服装。
卫生用品、盥洗用品	视个人需要携带，也可在当地购买，一般旅馆不会准备牙刷、牙膏等，须注意。
化妆品、保养品	视个人需要携带，也可在当地购买。
防晒、保湿乳液	气候干燥，保湿乳液亦为必需品。
雨具、太阳眼镜	遮阳、遮雨必备品，伞要够坚固，能抗强风为佳。
个人药品	个人常用药品请依旅游天数带足，并多准备一份分开放；个人特殊用药可随身携带处方或医生诊断证明,以备在当地就医、开药；一般的止痛药、感冒药等成药类，可携或至当地药房购买。
文具用品	笔：可多带几只；通信录：寄明信片时可派上用场；笔记本：随时记录自己的旅游心得；记账本：有助控制花费预算。
旅游书、地图	选择适合自己阅读习惯的地图和旅游书籍，并做好笔记及行程规划，让旅行事半功倍！
3C用品	充电器、传输线、记忆卡、电池等(相机、手机、摄录像机、手提电脑)，按个人装备而携带。
万用插头、变压器	欧陆为220～400V，若携带吹风机、刮胡刀等，视使用物品的需要，准备变压器或转换插头。
饮用水	可携带随身水瓶，德国的水龙头打开，就可以直接饮用。
个人备注	

开始在德国
自助旅行

机 场 篇
Airport

抵达机场后,如何顺利入出境?

搭飞机到德国,大都以法兰克福国际机场(FRA)作为出入口。目前,中国国际航空公司与德国汉莎航空公司都开通有从北京、上海直飞法兰克福的航班。而且,这两家航空公司也开通了直飞慕尼黑国际机场(MUC)的航班,可以说去德国非常方便。

法兰克福国际机场	30
抵达德国,入境步骤	30
转机步骤	31
机场平面图、机场看板解析	32
从法兰克福机场到其他城市	33
慕尼黑国际机场	35
慕尼黑机场入境步骤、从机场到市区及其他城市	35
其他交通工具	36
德国境内航空交通	36
便宜机票哪里找、德国主要城市机场	36
从德国搭机回中国	38
离开德国,出境步骤	38
应用德语ABC	39

 开始在德国自助旅行

法兰克福国际机场

法兰克福国际机场(FRA)是德国最重要的机场,也是世界上最大、最繁忙的机场之一。因原有的第一航站楼(Terminal 1)早已不敷使用,所以后来又建了第二航站楼(Terminal 2)。第一航站楼是德国汉莎航空(Lufthansa)的大本营,同属星空联盟(Star Alliance)的新航、泰航等,亦是使用第一航站楼,德航的国内线与欧洲线的航班更是不计其数。**机场对外的铁路交通枢纽——法兰克福机场火车站也位于第一航站楼。**此航厦较小但较新,该有的设施与商店也是一应俱全。

抵达德国,入境步骤

 Step 1 入境审查

下机后,目标是抵达出口"Ausgang"(Exit)。沿标志到非欧盟国民(Non-EU)的窗口,接受通关排队检查护照、签证。官员可能会用英文问些小问题,如此行的目的、停留的时间等。

 Step 2 领取行李

抵达行李提领处"Gepäckausgabe"(Baggeage Claim)拿行李。可由看板画面得知自己航班的行李是在第几号转盘输出。如果等不到行李,马上与附近柜台的服务人员接洽。

 Step 3 海关审查

出海关时,绿色出口为不须报关,但关员也许会检查行李。如有要报税的物品,记得要在红色出口诚实申报。

 Step 4 通关抵达

走出出口"Ausgang"(Exit),便正式抵达德国了!若有人接机,他们会在出口外面等。接着便是搭陆上交通工具前往市区或旅馆了。

入境、转机小提醒
先入境再转机
如果还需要转机到德国其他城市,或申根公约国的城市,也将会在此通关入境,待转机到达目的地后才会继续2～3的入境步骤。

Steps 入境德国步骤

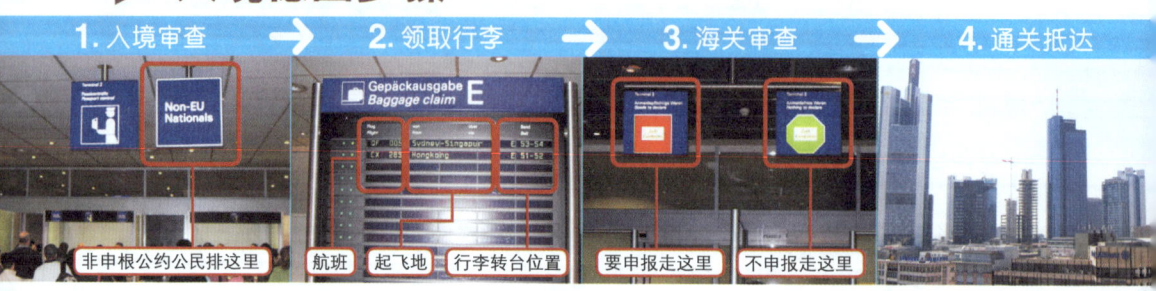

1. 入境审查 → 2. 领取行李 → 3. 海关审查 → 4. 通关抵达

非申根公约公民排这里 | 航班 起飞地 行李转台位置 | 要申报走这里 不申报走这里

转机步骤

如果是要转机前往其他城市,当然还不能提领行李,请注意看各处电子看板,查看你的转机航班的航站楼及登机门编号,最重要的是看航班是位于第一航站楼的A、B或C厅,还是在第二航站楼的D或E厅。还要注意该航班的登机时间是否准时、提前或延误等讯息,以免错过搭乘时间。

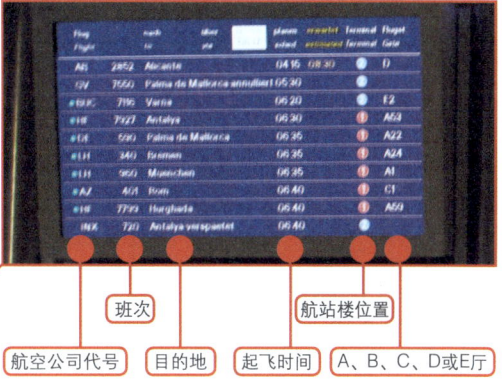

| 航空公司代号 | 班次 | 目的地 | 起飞时间 | 航站楼位置 A、B、C、D或E厅 |

转机时搭乘的空中捷运

第一航站楼(Terminal 1)包含A、B、C三厅(Hall),第二航站楼(Terminal 2)包含D、E两厅,两航站楼之间有免费的空中捷运(Skyline)可以搭乘衔接。空中捷运设有3站,最东边的是第二航站楼站,可抵达D、E两厅;中间站可到达第一航站楼的B、C两厅,并可由此步行至机场捷运站及火车站;最西边的一站则可以抵达第一航站楼的A厅。

除了搭乘空中捷运(Skyline)外,也可以沿着标志搭乘衔接巴士(Shuttle Bus)往来第一与第二航站楼。

此衔接巴士的前往方向看这里

此班列车的目的地看这里

法兰克福机场设施

法兰克福机场是欧洲第二大机场,仅次于伦敦希斯罗机场(Hethrew),机场内各项设施十分完善,海关内各种免税商店商品琳琅满目,海关外也有很多商店。餐厅、咖啡厅都供应着相当具有德国风味的甜点或餐点,有些坚守传统,有些走现代路线。若不想尝试欧风美食,当然也有麦当劳、汉堡王等快餐,供旅客选择。

体验德国生活物品与商店

在机场常可看到最有德国风味的广告物,如新时代的汽车。书报摊、小超市、面包店是最能体验当地社会与生活风情的地方,候机时不妨多逛逛。机场内也有邮局、药房、银行,提供便利的服务。

方便的推车

法兰克福机场的推车经特殊设计,可上、下电扶梯!只要稍微扶好,相当安全且便利。但需注意不可将推车推入空中捷运的车厢。

不可将行李堆放太高、或让孩童乘坐推车

机场平面图

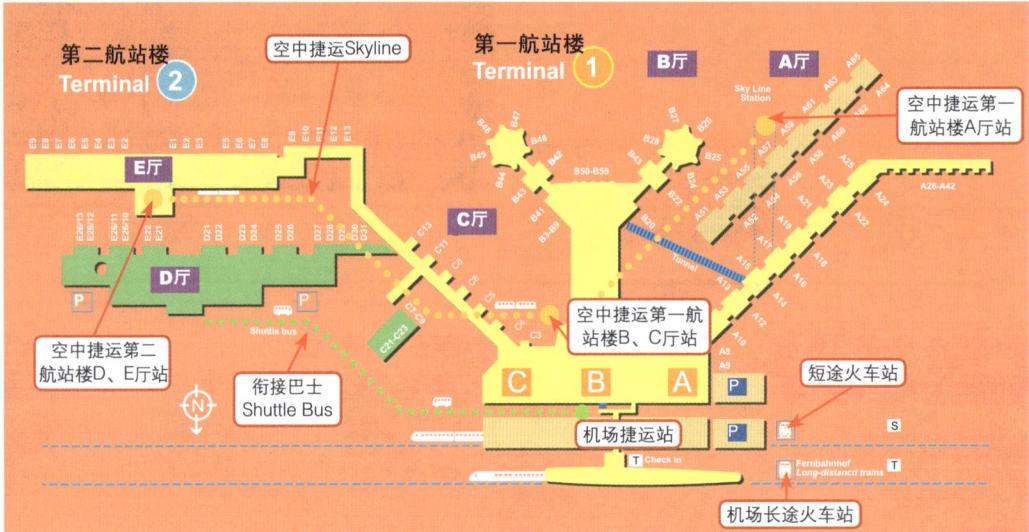

（地图绘制／张蓓蓓）

机场看板解析

关于火车票(Railpass)

- Railpass请至机场火车站的柜台盖章才能启用，Railpass在短途火车站与长途火车站都有柜台，但都有可能会大排长龙，所以要有搭乘下下班车的心理准备。
- 使用Railpass可搭通勤电车(S-Bahn)，因为S-Bahn是由德铁DB所经营。但城市内的地铁(U-Bahn)则是由各城市的市内运输公司所经营，需另外购买地铁票。机场到市区请用售票机买票，纸钞或硬币皆可。
- 通勤电车(S-Bahn)与地铁(U-Bahn)的搭乘方法，请见p.72。

火车站旅游中心购票

从法兰克福机场到其他城市

从法兰克福机场可搭火车至市区或德国的其他城市，请循第一航站楼沿火车站的标志，步行前往车站搭乘。

如何前往机场火车站

● **班机在第一航站楼降落**

提领行李走出出口后，在几分钟内即可步行抵达机场火车站。

● **班机在第二航站楼降落**

需在出关时提领行李后，搭空中捷运(Skyline)到第一航站楼，再到火车站搭火车。

机场火车站看这里

如何搭火车前往法兰克福市区

● **找"S"标志**

请沿着"S"标志至第一航站楼地下层短途捷运或区间火车的车站"Reginalbahnhof"(Regional Train Station)搭乘通勤电车"S-Bahn"(见"S"标志)，本书将此站称为机场捷运站。

火车票购票机解析

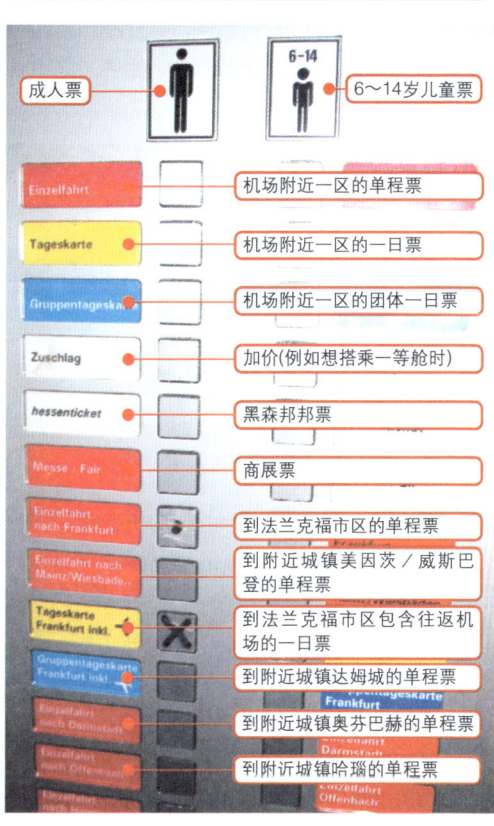

- 成人票
- 6~14岁儿童票
- 机场附近一区的单程票
- 机场附近一区的一日票
- 机场附近一区的团体一日票
- 加价(例如想搭乘一等舱时)
- 黑森邦邦票
- 商展票
- 到法兰克福市区的单程票
- 到附近城镇美因茨／威斯巴登的单程票
- 到法兰克福市区包含往返机场的一日票
- 到附近城镇达姆城的单程票
- 到附近城镇奥芬巴赫的单程票
- 到附近城镇哈瑙的单程票

● **搭乘路线S8或S9**

机场与市区间的路线为S8或S9，约每15分钟一班，车程约10分钟即可到达市区总站"Hauptbahnhof"(Hbf)。

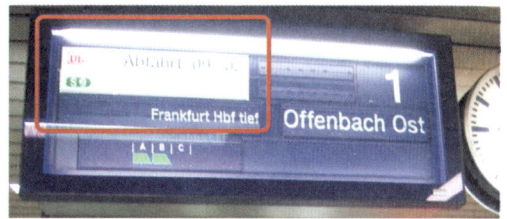

搭火车前往德国其他城市

● 找"T"标志

请沿着"T"指标到长途火车站"Fernbahnhof" (Long Distance Train Station),这是最新又前卫的玻璃火车站,可由此搭乘ICE高铁,飞快抵达德国各大城市。

● 到法兰克福长途火车站搭乘

因为德国的铁路网十分庞大,有些欲前往的城市或班次,可能要到法兰克福市区总站搭乘,较为方便。

法兰克福机场长途火车站

法兰克福机场长途火车站(Fran kfurt Flughafen Fernbahnhof)提供机场与各大城市间快速的高铁及长途列车的服务。由法兰克福下机后在此搭ICE高铁至德国其他城市,既方便又舒适。此火车站十分具有现代感,这是2000年才完成的火车站,每个景致都像是置身时光隧道,就把自己想象成搭银河铁道般的畅快吧!

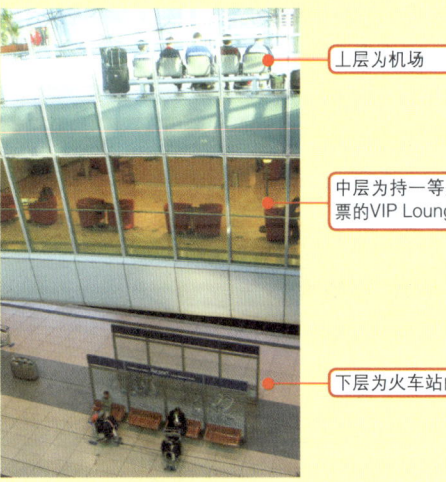

● 上层为机场

● 中层为持一等舱火车票的VIP Lounge

● 下层为火车站的站台

法兰克福市区总站(Hbf)

法兰克福市区总站Frankfurt Hbf (Hauptbahnhof)是德国最大的火车站之一,有超过30个站台,各类火车班次十分密集,是德国中部的交通大枢纽。可通达德国各大小城市及周边国家各大城市,地下层为通勤列车(S-Bahn)及地铁(U-Bahn)10余条路线的必经之站。此车站的商店之多,更是令人咂舌。在此可买到各国的刊物以及德国典型的商品。这里因人潮众多且人种复杂,需随时注意自己的行李。

＊班次与时刻表的查法及火车的搭法,见"如何搭火车"p.55。

慕尼黑国际机场

慕尼黑国际机场(MUC)是德国第二大机场，德国汉莎航空公司有从北京及上海直飞慕尼黑的班机。慕尼黑机场的设施较法兰克福机场新，十分具有现代感，各大大小小的看板，早已全面使用LCD电视及LED看板。慕尼黑国际机场有许多欧洲及美洲航线，亚洲线的航班也在增加中，中国国际航空公司就已开通了直飞慕尼黑的航班。

慕尼黑机场入境步骤

入境程序与法兰克福机场相同，提领行李处为"Gepäckausgabe"(Baggage Claim)，出口为"Ausgang"(Exit)。走出出口，右方即有超市及面包店，左边则有查询火车资讯的柜台及服务人员。

从机场到市区及其他城市

●到市区

由机场到市区可搭乘通勤电车S-Bahn(见"S"标志)，路线为S1及S8，约每15分钟一班，至市区总站(Hauptbahnhof)车程约40分钟(S1与S8经过的路线虽然不同，但抵达市区总站的时间一样都是40分钟)。

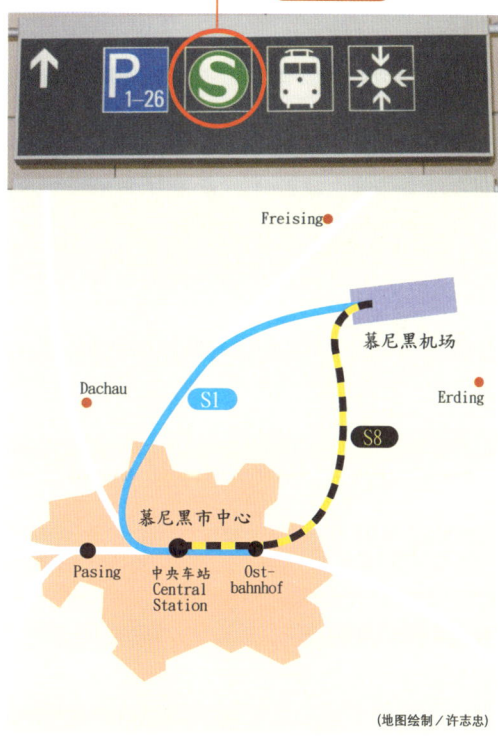

(地图绘制／许志忠)

●到其他城市

出机场后若要搭火车至全德各地，并不像法兰克福般可在机场直接搭高铁，而是必须先搭S-Bahn至市区总站。若持有Railpass，一样可以在机场火车站盖章，然后启用搭乘S-Bahn。

其他交通工具

● 租车

若需租车，请沿标志至航站楼内的租车中心，有多家租车公司可选择。

● 出租车

机场或火车站都有专区可搭乘出租车，大部分都是宾士喔！不过价格并不便宜，若三四人共乘还划算（因为公共交通运输也很贵的）。费率：约4欧元起跳，每公里约再加2.5欧元，不同时段费率不一，付钱时只要酌给小费即可，如11.4欧元付12欧元即不失礼。

德国境内航空交通

德国的基础设施十分完善，许多中大型城市都有机场，都可由法兰克福或慕尼黑转机过去，且几乎每个机场都有火车或捷运可抵达市区，相当方便。以下介绍为德国国内其他重要机场，以飞德国国内线以及欧洲线为主。

便宜机票哪里找

近年来由于航空民营化的影响，许多提供便宜机票的航空公司纷纷成立，使得德国国内线的飞行价格变得愈来愈迷人，并可自行上网订票，只要用信用卡卡号订位，并取得一个号码，即可至机场办理电子登机手续(Electronic Check-in)。可参考以下的网站：

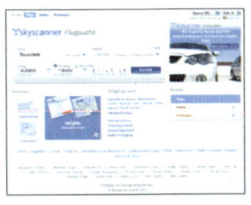

Skyscanner
www.skyscanner.de

Germanwings
www.germanwings.de

德国主要城市机场

汉诺威 Hannover

机场位于城市北方，可搭乘捷运S5前往市区，在火车总站转车前往商展区。

由汉诺威火车站可搭乘S-Bahn前往机场

柏林 Berlin

虽然贵为首都与第一大城，但因战后的分裂，使得柏林拥有多个机场，但都不是大到足以担当洲际航线的转运站。

● **Tegel(TXL)机场**

航班最多的Tegel(TXL)机场，位于市区的西北方，有密集的巴士(TXL Bus)与市区相连。

● **Schönefeld(SXF)机场**

Schönefeld(SXF)机场位于市区东南方，是许多德国东部人前往度假胜地的机场。此机场位于铁路干线上，有长、短途的火车停靠。预计2014年中起，柏林将以Schönefeld附近的新机场作为最主要的国际机场(Berlin Brandenburg International Airport, 代号BER)，并大到足以起降洲际航线最大型的飞机，柏林与世界各大城市的距离，就会更加接近了。

汉堡 Hamburg

机场位于城市北方，可搭乘捷运S1前往市区。

杜塞尔多夫 Düsseldorf

机场位于铁路干线上，有长、短途的火车停靠，也可搭乘捷运S7与市中心相连。

纽伦堡 Nürnburg

可搭乘地铁U2与市中心相连。

莱比锡 Leipzig／哈雷 Halle

机场位于铁路干线上，有长、短途的火车停靠。

科隆 Köln／波恩 Bonn

机场位于铁路干线上，有长、短途的火车停靠，但因离法兰克福太近，自法兰克福下机后搭高铁不到1小时即可抵达科隆，所以利用的机会不大。

斯图加特 Stuttgart

可搭捷运S2、S3与市中心及商展场相连，但也因离法兰克福太近，自法兰克福下机后搭高铁只要一个半小时即可抵达斯图加特，所以利用的机会不大。

次外，德累斯顿、不莱梅、明斯特、欧斯纳布吕克也都有飞德国国内线以及欧洲线的航班，方便往返该地区的旅客。

从德国搭机回中国

离开德国,出境步骤

Step 1 找对航空公司柜台

德航的柜台数量当然最多,搭乘德航的旅客也可以使用机器快速办理登机手续、托运行李、拿到登机证。

Step 2 进入航站楼

看看板找对航站楼,A、B、C在第一航站楼(Terminal 1),D、E在第二航站楼(Terminal 2)。

Step 3 通过安检

若携带笔记本电脑,可能会要求你打开来以供检验。

Step 4 找对登机门、登机

沿着标志抵达正确的登机门,候机。

出境大厅看这里　搭乘Skyline看这里

出境大厅看这里　登机门编号看这里

出境小提醒
记得提早抵达机场
　若有商品可以退税,则需在办理登机手续之前办理,最好预留充裕的时间,以免遇上大排长龙等退税的情况发生。
*退税方式请见p.110。

 Steps 出境德国步骤

1. 找航空柜台　2. 进入航站楼　3. 通过安检　4. 至登机门候机

德航办理登机手续机器　　确认你的出境航站楼

从法兰克福机场出境

● **至法兰克福机场站**
请从旅途中最后的城市搭火车至法兰克福机场长途火车站，然后步行至第一航站楼；若班机在第二航站楼，则需再搭乘空中捷运(Skyline)前往。

● **至法兰克福总站**
若火车是抵达法兰克福总站，则需至地下楼层搭乘捷运S-Bahn的S8或S9至机场火车站。

从慕尼黑机场出境

若是由慕尼黑机场搭机回国，需搭火车至慕尼黑总站，然后至地下楼层搭乘捷运S1或S8至机场，市区至机场需要40分钟，记得提早出发。

应用德语ABC

实用单词

机场	Flughafen
飞机	Flugzeug
航班	Flug
航站楼	Terminal
登机门	Gate
办理登机手续	Einchecken
退税	Tax-free refund
出境(起飞)	Abflug
入境(降落)	Ankunft
失物招领处	Lost & Found
寄物柜	Schliessfach
海关	Zoll
出口	Ausgang
休息室	Lounge
准时	Pünktlich
误点	Verspätet
取消	Ausfällt
转机	Transfer
从____起飞	von____
飞往____	nach____
目的地	Ziel
租车	Mietwagen
出租车	Taxi
火车	Zug
通勤电车	Bahnhof
货币	Währung
兑币	Geldwechsel
自动提款机	Geldautomat
电话	Telefon
邮局	Post
厕所	Toilette
法兰克福机场空中捷运	Skyline
通往市区的通勤电车	S-Bahn
提领行李处	Gepäckausgabe

实用会话

请问兑换汇率是多少呢? Was ist der jetzige Wärungskurs?
请问哪里可以兑换外币? Wo kann ich die Wärung wechsel?
请问第一／第二航站楼往哪边走? Wo is't der Terminal 1/Terminal 2?
往_____的火车停靠在哪个站台? Auf welchem Gleis hät der Zug nach _____?
请问这列火车能到达_____吗? Fährt dieser Zug nach _____?
请问机场的巴士站在哪里? Wo ist die Haltestelle des Airport-Buses?
这一辆巴士到_____饭店吗? Fährt dieser Bus zum Hotel _____?

开始在德国自助旅行

住宿篇
Accommodation

在德国旅行，有哪些住宿选择？

德国的住宿种类多元，有能更深入体验德国生活的旅馆、民宿，有大批老外互相交换旅行信息、价格低廉的青年旅馆，有方便干净的商务饭店及大饭店可供选择。

德国住宿有哪些选择	42
星级豪华旅馆	42
商务型旅馆	42
中小型旅馆	43
度假区旅馆	43
民宿	43
青年旅舍	43
如何找旅馆	44
上网订房乐趣多	44
旅馆基本设施	44
应用德语ABC	45

德国住宿有哪些选择

观光及工商业兴盛的德国，有为数极多的旅馆，从极奢华的到极大众化的，应有尽有，不论预算多寡都能找到合适的住所。以类型来细分，可以分为以下几类：

星级豪华旅馆

有些是典型的现代国际连锁豪华旅馆，有些则有历史性及极佳的口碑，这些旅馆多在大城市，如柏林西区的Kempinski、柏林东区的Hotel Adlon、汉堡Alster湖边的Vier Jahreszeiten、慕尼黑古城区的Mandarin Oriental等。这些旅馆设施齐全，餐厅也都颇为高级且消费昂贵。

住宿价格：一般双人房约150欧元以上

商务型旅馆

从豪华到经济的都有，多为现代型，地点多在火车站前、市中心、商展场、机场或高速公路辅路附近。著名的如：北欧航空的Radisson SAS，属于五星或四星级；以及Accor集团的Sofitel五星级、Novotel四星级、Mercure三星级、Ibis二星级。其他著名的商务连锁旅馆如：Holiday Inn、Best Westin、Marriot等。

住宿价格：四星约120欧元，三星约90欧元，二星约70欧元

中小型旅馆

数量极多，设备等级也不一，有些可能很好，有些则普通，有些是现代型，有些则是较老的建筑，有欧洲的古典风味。

住宿价格：50～80 欧元

度假区旅馆

多坐落于热门观光区，例如海滨或山城。各旅馆的风格与设备皆不同，有具数百间房间的大型旅馆，也有些迷你温馨的小型旅馆。近年来德国也流行提供水疗等相关服务的旅馆，但德文较少说 SPA，而是说 Wellness。价位依淡旺季差异可能极大，冬天的海边或湖边绝对是淡季，有些旅馆甚至不营业。但山上的滑雪胜地则以冬天为旺季。

住宿价格：依淡旺季不同，淡季数十欧元，旺季可达数百欧元

民宿

住这类的旅馆可以感受温馨的家庭气氛，因为房主可能也是住在这里，将会是很难忘的经验！有些房主人很好，会准备非常丰盛的早餐。

住宿价格：约40欧元

青年旅舍

德国的青年旅舍称为"Jugendherberge"或"Jugendgasthaus"，是个庞大的组织，全德国各地可说是到处都有青年旅舍。有些地区(如巴伐利亚邦)限定必须26岁以下才能住进这种便宜的青年旅舍。

青年旅舍，有2、4、6、8人一间，男女分房，房价以床位计算，卫浴在外面共用。暑假期间，青年旅舍时常人满为患，而且多为年轻人，所以可能不太安静。有些青年旅舍的早餐很丰盛，有些则很简单。青年旅舍多有门禁时间，需特别注意。

住宿价格：1个床位约20欧元

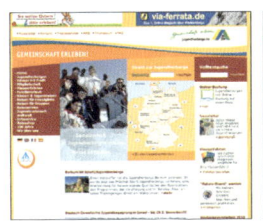

Jugendherberge
www.jugendherberge.de

Hostels
www.hostels.com

如何找旅馆

遇有大活动时，如：商展、体育赛事、文化活动等，当地的旅馆必定大爆满，所以不二法门是及早预订。自行找旅馆可以通过网络，然后打电话或上网订房，上网订房通常要给信用卡卡号，电话订房有些旅馆只需要告诉它们日期，无须给订金或卡号，少数旅馆会要求传真确认。

上网订房乐趣多

除了求助旅行社，在网络发达的今天，自助找旅馆是既可靠又有趣！因为每个人的喜好与需求不同，而网上的旅馆资讯丰富而且透明化，建议大家不妨多上网找，并详加比较其地点、房间状况、设施、价格，自然能找到自己心仪的住处。

旺季时，建议出发前一定要先订妥房间，上网订房可以省去国际电话或传真的费用，而且通常会有确认订房成功的E-mail回复，将它打印，带至旅馆即可顺利办理入住手续。若非旺季，临时再找，应该都可以找到，有时间甚至可货比三家。

找旅馆就像钓鱼，学会如何钓远比别人钓给你来得快乐且有意思！关于如何网上订房，相关旅游网站的论坛或旅游书籍都有详细的介绍，不妨参考一下。

旅馆基本设施

德国的旅馆都有基本的水准，且相当干净，也一定有暖气(但不一定有冷气)，且几乎都附卫浴及早餐，不用担心住到不舒适的旅馆。但旅馆通常没有饮水机，想烧开水可向柜台借煮水器。

住宿小提醒

旅馆小费怎么给

较高级的旅馆，通常会有搬运行李的服务人员，可给0.5～1欧元；打扫房间的清洁工1欧元，于白天出房时置于枕头上即可。

住宿订房表 可影印放大，填妥后传真给旅馆，以利订房

```
Fax to：Hotel _____
Fax：
From：
Tel：
Fax：
E-mail：
Datum：_____. _____. 20____

Sehr geehrte Damen/Herren,
Ich möchte ___ Doppelzimmer ___ Einzelzimmer
am __.__. bis __.__. Insgesamt __ Nächte.
Mit / ohne Frühstück reservieren.

Mit freundlichen Grüssen,_____
```

（中文解释）

传真至：预定的旅馆名称
旅馆 Fax：+49 (接电话号码)
发件人：订房人姓名
电话：
传真：
E-mail：
发件日期：_____日_____月_____年

敬启者：
本人欲订____间双人房____间单人房
时间为___日___月至___日___月，共___晚
(切记，德文是先讲日再讲月)
要附早餐／不要附早餐

在下方签名_____

德国网上订房网址参考

城市网站
最简单的网上找旅馆方法是进入该城市的网站，可看到旅馆List，不可胜数。
http://www.hannover.de

米其林旅游网
米其林旅游书所推荐的旅馆。
http://www.viamichelin.com

城市旅馆联网
有些城市有旅馆联网，如科隆等大城市。
http://www.koeln-hotel.de

Accor集团
在全欧有极多的旅馆，只要输入城市名，即可列出各级旅馆，而且都有地图可参考，上网订房极方便。
http://www.accor.com

旅馆网站
全德国的旅馆网站。
http://www.hotel.de

雅虎网站
输入城市名，进入城市的旅游部分，也可找到好多旅馆。
http://www.yahoo.com

时下最盛行的上网找法

时下最盛行的上网找法，是进到类似易游网的网站，只要输入城市名，即可列出各级旅馆，从五星级到二星级都有，而且各家旅馆的位置都有地图可参考，上网订房也极为方便，且会自动发电子邮件给顾客确认。但订妥后若要取消，则会有处罚，需特别注意。

Booking
http://www.booking.com

Expadia
http://www.expadia.com

Venere
http://www.venere.com

订房实用App
许多旅馆订房网站都已经有App。不妨在您的智能手机里加入此App，下次要查询或订房会更方便。例如：Booking.com。

应用德语ABC

实用会话

你可以推荐一间旅馆／民宿吗？
Können Sie mir ein Hotel / eine Pension empfehlen?

我预订一间房间。 Ich habe ein Zimmer reserviert.

你还有空的单人房／双人房吗？
Haben Sie ein Einzelzimmer / Doppelzimmer frei?

附全套卫浴／淋浴间。 Mit Bad / Dusche.

住1晚／2晚。 Für eine Nacht / zwei Nächte.

这间房间价格多少？ Was kostet das Zimmer?

附或没附早餐？ Mit oder ohne Frühstück?

早餐供应的时间有多长？ Wie lange gibt es Frühstück?

请在7点叫醒我。 Ich möchte um 7 Uhr geweckt werden.

我明天一早就出发。 Ich reise morgen früh ab.

交通篇
Transportation

2006年全新落成、有太阳能发电的柏林火车总站

德国走遍遍，该用什么交通工具？

德国交通工具的种类多元化，且准时又方便快捷，连接城市之间的有高铁、城市内有通勤电车、巴士、出租车。而一张特别为海外，游客而设的Rail Pass，是环游德国各城市的必需品。

认识德国的铁路系统	48
ICE高速铁路系统	49
认识其他德国列车	53
在德国如何搭火车	55
如何查询列车班次	55
如何购买火车票	57
如何订位	61
省时、省钱的夜车之旅	66
市内交通	70
搭乘轻轨电车与公交车	71
搭乘通勤电车与地铁	72
车票计费方式	74
应用德语ABC	77

认识德国的铁路系统

德国的铁道网络十分绵密且复杂,大城市间的交通有高速铁路InterCity Express(ICE)快速连接,小城镇则可以自附近的大城市搭乘短途的区间火车到达。除了高铁外,还有多种公共交通运输工具,使得大部分的住宅区及景点都有火车或公交车抵达,十分便利。

山城甚至有登山火车(Bergbahn)或缆车(Seilbahn)载你上山,也有些著名旅游路线提供游客专用的观光巴士。各个车站及各式列车、公交车都有许多体贴残障人士或年长者的设计。德国的确是公共交通运输的典范。

传统快车InterCity

地铁U-Bahn

通勤捷运S-Bahn

地区性列车Regional Express

长途夜车Nachtzug

轻轨电车Strassenbahn

跨国火车EuroCity

德铁的招牌 在德国搭火车,找DB的标志准没错。

ICE高速铁路系统

德国的高速铁路系统ICE(InterCity Express)比法国的TGV(Train a Grandes Vittes)以及日本的新干线(Shinkansen)都较晚问世,但舒适度却是公认最好的,而且德国各大城市原本的百年火车站皆可容纳高铁,并没有因为兴建高铁而另辟许多新车站。德国因城市多、人口较密集,所以列车停靠较频繁,因此在速度上感觉不如法国的TGV快,其实新一代的ICE-3的时速已将近300公里,绝对令你满意。

德国铁道主要路线示意图

地图绘制/张蓓蓓

搭火车记得确认车厢

ICE有些列车会分成两截,不能互通,两截各自有一等及二等车和餐车。这种列车可能在到达某一站后,会分开到不同的目的地,若是有订位,照位子坐一定不会错;若无订位,一定要注意自己坐的车厢是否会到达要去的目的地,以免搭错车厢。

ICE四款经典车型

ICE-1

于20世纪90年代初期开始营运,外观及内装都颇具现代感,载客时速最高也可达250公里。白色车体、红色线条,以及成排的墨镜式车窗(非传统火车车窗一格一格的造型),看起来十分协调美观。

ICE-1座椅已全面更新,与ICE-3雷同,一等舱为皮椅座

每节车厢都有3间小包厢

一等舱每个座位都有插座可供使用

ICE-2

ICE-2的载客最高时速约为250公里。内装与ICE-1较类似，但有更多的电子设备，如每个座位均有电子订位记录的显示屏幕。ICE-2的座位大多为大车厢而非包厢，但设有专门让孩童游戏的小包厢。

ICE-2一等舱有液晶电视屏幕，一边双座一边单座

ICE-3

ICE-3是德铁最新一代的高速火车，车头又尖又炫的流线造型，内装当然也是所有列车中最高级的，十足展现王者之尊。车行时速更高达近300公里！

ICE-3一等舱的墙上或座椅都有插座，可使用笔记本电脑（别忘了自国内带转换成欧陆插座的转接头）

各大城市间ICE高铁行车时间参考 (铁路路线图请参考p.51)

	法兰克福	慕尼黑	柏林	汉诺威	汉堡	科隆	杜塞尔多夫	斯图加特	莱比锡	纽伦堡	多特蒙德	德累斯顿
法兰克福	\	3'30	4'10	3'00	4'15	1'00	1'20	1'20	4'30	2'20	2'40	4'20
慕尼黑		\	6'30	4'30	5'10	4'30	4'50	2'15	4'50	1'00	6'60	7'00
柏林			\	1'30	1'30	4'20	4'00	5'30	1'40	5'10	3'20	2'10
汉诺威				\	1'15	2'40	2'20	3'50	2'50	3'30	1'50	4'50
汉堡					\	3'50	3'30	5'10	4'15	4'30	3'30	5'10
科隆						\	0'20	2'15	4'40	3'30	1'10	6'00
杜塞尔多夫							\	2'35	5'00	3'50	0'50	6'25
斯图加特								\		2'10	3'30	6'30
莱比锡									\	3'20	4'30	1'00
纽伦堡										\	5'15	5'00
多特蒙德											\	6'00
德累斯顿												\

＊以上资料时有变动，出发前请再次确认。(表格整理／林呈谦)

ICE-T

当火车行驶在山区或林地等地势较崎岖的路段时，当遇上弯道时通常需减速，为了达到转弯时仍能高速行驶的梦想，德铁于20世纪90年代后期推出了ICE-T高铁(T是英文：Tilting Techonlogy; 德文：Neigetechnik)。

ICE-T最早只从斯图加特到苏黎世，是需越过一些山区的路线；之后由法兰克福往东至莱比锡，及慕尼黑往北经纽伦堡到莱比锡，因为都是较崎岖的路线，ICE-T于是取代传统的InterCity火车。

ICE-T属新一代的高铁，外观类似ICE-3，但ICE-3的车头较尖，车头玻璃亦较炫。ICE-T一等车座位是皮椅，豪华且宽敞；还有半闭式4人座小包厢，方便商务人士在车上举行会议。

ICE四通八达的高铁网络

ICE在德国国内由最早的汉堡—法兰克福—慕尼黑一条路线，扩展至全德各大城市，形成高铁路网，并早已连至邻近的德语国家，如奥地利维也纳、瑞士苏黎世及因特拉肯(Interlaken)等。近年来更往非德语国家扩展，如由法兰克福经科隆到荷兰阿姆斯特丹，或比利时布鲁塞尔，至此可搭"欧洲之星"(EuroStar)穿越英法海底隧道直达英国伦敦，现在ICE更可由柏林或汉堡直达丹麦哥本哈根。班次方面，ICE高铁路线已遍布全德国，东西南北各大城市都是ICE的服务范围，大多数的路线都是1小时1班，有些路线则是每隔2小时一班。

ICE的餐车

● 正式的餐车

在这么一列高级列车上，当然要有餐车。餐车德文可称Speisewagen、BordRestaurant，通常位于一等车与二等车之间。一等舱的乘客还可请服务生送餐点来。餐车的餐点并不便宜，咖啡一杯2.5~3欧元，但在餐车点杯饮料或吃点东西，既可打发时间，又可感受餐车风情，值得一试。

● 便宜的简餐车

ICE的餐车车厢，一半截是正式餐车，另一半截则是简餐车。除坐在正式餐车喝咖啡或享受餐点，德国人也喜欢在简餐车(德文叫BordBistro或BordImbiss)或坐或站，闲话家常。这种简餐车的餐点，通常无须用刀叉(如

德式三明治)，当然也可买至座位上享用。

● Minibar推车

乘务员会不定时推车到各车厢兜售饮料、三明治、报纸等(与中国火车一样)，价钱与餐车相同。

ICE的内装与设备

喜欢双B汽车高级的内装设计吗？ICE的内装可是比双B更顶级喔！高科技的配备加上德国傲人的人体工程学座椅，让长途旅行的乘客不觉疲惫。针对ICE火车的内装，以下有详尽的介绍：

认识ICE列车上的标志

一等舱　二等舱　各级列车全面禁烟　有强化手机信号接收效果的车厢　安静车厢内禁用手机

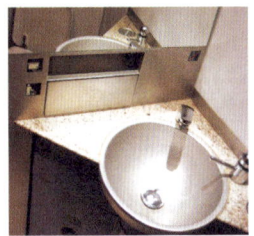

车上的洗手间明亮干净，十分现代化

公用电话只要插入一般电话IC卡即可通话，十分方便

2个车厢之间有摆放大行李的空间

车上的垃圾桶设计前卫而环保（需做垃圾分类）

一等舱的座椅一边双座，一边单座，使用高级真皮座椅，每张都像是董事长的座椅。头靠一律都有侧垫，睡起来格外舒服。原木桌可调整大小，包厢式的隔间可提供商务人士作为小会议室之用

二等舱双边都是双座，座椅相当舒适，前后左右距离较小，其他配备较无差别，且一等舱的票价是二等舱的1.5倍

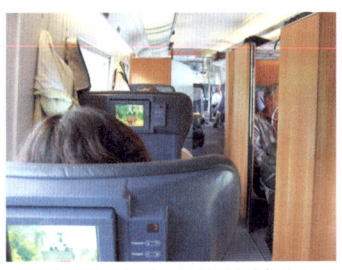

一等舱成排的座位，大车厢则有液晶画面，车内还提供影视频道

屏幕显示车速255km/h。每个座位上方都有个小屏幕，显示该座位有被订位的路段，若没有显示，表示该座位没被订位，可放心坐下（分这么多种车厢，在订位时可视自己的需要做选择，订位方式见p.61）

火车上使用电脑的环境相当friendly，每个座位都设有耳机插座（得自己戴耳机），可以收听8个频道

享受快感的Lounge车厢

想感受飞快勇往直前的英姿吗？ICE-3与ICE-T都设有Lounge，可以坐在火车头尾两端(一端一等舱，另一端为二等舱)的车厢，隔着透明玻璃观看司机开高速火车的英姿！一等舱只有6个座位，二等舱也只有8个座位，幸好德国人似乎对这种座位不特别有兴趣，所以可在订位时指定要坐在这种特别的Lounge座位。

认识其他德国列车

遍布全欧的IC系列

在欧洲，没有高铁的国家或路段，IC(InterCity)是最高级的火车，IC乘坐起来相当舒适，而且价格比ICE便宜许多。IC列车的车厢新旧不一，所以车厢种类很多，包括大车厢及包厢式的。列车内也设有餐车以及Minibar服务，相当舒适。IC的餐车有种欧洲特有的古典美，不妨找个机会搭乘，来回味一下20世纪的感觉。

欧洲跨国长途火车EC

与InterCity同等级，凡跨越两国以上的长途火车会称为"EC"(Euro City)。德国位于欧洲中心，因此有许多EC火车越过边界到其他国家的首都或大城市，例如德国法兰克福到法国巴黎，由柏林往东

到波兰华沙，柏林往东南到捷克布拉格或匈牙利布达佩斯，汉堡往北到丹麦哥本哈根及瑞典马尔默，慕尼黑往南经奥地利因斯布鲁克到意大利威尼斯、罗马等。

地区性列车IR、IRE、RE、RB

IR(Inter Regio)
IRE(Inter Regio Express)
RE(Regional Express)
RB(Regional Bahn)

中、短途的区间车，通常是连接大城市与周边地区的小城镇，因为停靠站多，所以搭乘较费时，但大部分的车厢都十分干净、舒适。除了上述几种地区性列车，还有许多地区性列车如西北部的NWB区间火车，或是东北部到乌瑟多姆(Usedom)度假岛的UBB，它们都算是地区性列车，且持周末票获德铁Railpass都可以搭乘。

UBB度假型地区性列车

通勤型双层地区性列车，为RE的一种

各地区都有造型的地区性列车，如BOB　　RE内部不论新旧都很舒适且干净

搭乘地区性列车小提醒
一般车票都可搭乘
如果没有购买欧铁、德铁的Railpass券，只买周末票、邦票，都可以搭乘上述这些地区性列车。

其他高级列车

●Thalys 西欧的繁华表征

连接科隆—阿亨—布鲁塞尔—巴黎，也有巴黎—布鲁塞尔—阿姆斯特丹的路线，是法国TGV高铁系统，时速高达300公里！票价视订票时间与座位性质而定。详洽网站：www.thalys.com。

●EuroStar "欧洲之星"

穿越英法海底隧道直达英国伦敦的高铁。由德国前来，可在布鲁塞尔转搭EuroStar至伦敦。德铁对于由德国搭至伦敦有优惠方案，非持欧铁周游券(Eurail Pass)者可在德国的火车站询问。"欧洲之星"最重要的路线是伦敦—巴黎及伦敦—布鲁塞尔。想象一下：早上在布鲁塞尔的旅馆用早餐，午餐在"欧洲之星"餐车享用，午后在伦敦喝英式下午茶，再搭"欧洲之星"，晚上到巴黎享受精致的法式套餐，将是多么美好的人生！

照片提供／德铁DB

●CISAlpino 意式高铁

可在斯图加特搭乘，此列车与ICE-T一样配备有Tilting technology，可在穿越阿尔卑斯山时高速行驶越过瑞士到意大利米兰，沿途风光明媚，是欧洲最美的火车路线之一。

特种列车

●Autozug(Auto Train) 可挂载汽车的火车

是一种可挂载汽车的火车。可从各大城市郊外的火车站把车开上火车，晚上睡火车的卧铺，早上在火车上用早餐，然后抵达度假目的地，和爱车一起享受假期。

●Bahn&Bike 附单车车厢的火车

德国有许多人喜欢带单车上火车或捷运(S-Bahn)，然后可在乡间骑单车，享受山林之乐。带单车上车，需放置在可放单车的车厢，且须加价。

●Bergbahn 登山列车

这是连接山下城镇与山上景点的代步车，如海德堡老市区至山上的王宫古堡。

●Nostalgiezug 蒸汽火车

夏天许多路线会有搭蒸汽火车的怀旧之旅，除了有古早的火车头，连车厢都是以前德意志帝国铁道"Deutsche Reichsbahn"(DR)的遗产，是十分难得的浪漫铁道之旅，因为是特殊班次，所以需询问火车站的柜台人员。

在德国如何搭火车

Traveling in Germany

交通篇

交通实用App
不妨在您的智能手机里加入德铁App，下次要查询时刻表或订位会更方便。

Steps 搭德国火车的步骤

Step 1 查询班次
可从德铁网站及火车站的自动售票亭查询。

Step 2 购票
购买最适合行程的票种，如Rail Pass周游券、周末票等。

Step 3 订位
德国的火车票大都不含订位，要确定有位子坐，最好在确定班次后就订位。

Step 4 搭车
搭车前，应再次确定大时刻表上的班次以及站台，避免搭错车。

如何查询列车班次

从德铁网站上查询

网址：www.Bahn.de

此网页可查的列车并不限于德国，而是涵盖全欧，并有许多关于德国铁路甚至欧洲各国铁路的信息，以及一些减价方案的介绍，是十分优质的网站。

❶ 键入网址，进首页即可输入起站、到站、乘车日期、乘车时间。

❷ 下一页可做细部查询，如：人数、舱等以及是否选择车种(欲搭ICE高铁或排除所有快车而只搭慢车等)。若没指定，系统会自动做最佳路线与列车的安排。

❸ 按"**Verbindung suchen**"(Search Connection)按钮即出现列车组合清单。

❹ 查看清单上的日期、时间、列车组合、正常票价等。

❺ 查看清单上的日期、时间、列车组合，并选出欲搭乘的列车。

❻ 细部查询：点击该列车，其所有的停靠站及时间都会详细列出。

❼ 可将心仪的列车组合打印出来。

＊网站的页面设计与编排可能会不定期变动，但基本架构与使用程序基本上不会有大的变动。以下的网站页面供参考。

除德文外，也提供英文、法文等语言

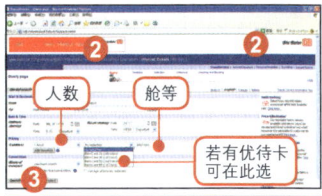

人数　舱等

若有优待卡可在此选

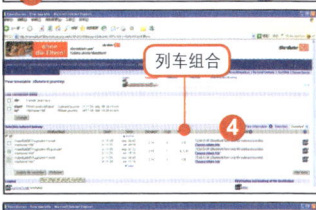

列车组合

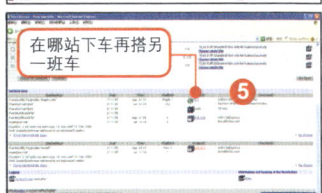

在哪站下车再搭另一班车

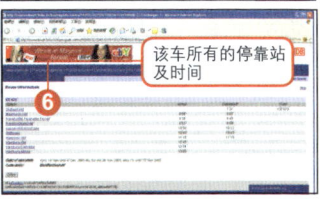

该车所有的停靠站及时间

以上画面提供／www.Bahn.de

从火车站的自动售票机上查询

在各大火车站都有自动售票机，提供查询及买票，查询方法与网络的页面与顺序类似。以下举实例说明操作顺序：例如要查询9月30日08:00之后发车、从法兰克福机场火车站[Frankfurt(M) Flughafan]到汉诺威（Hannover）的火车。

1. 先选择语言（以国旗表示，有德、英、法、意、西、土等语言选择）。
2. 输入起点、终点，以及乘车时间、日期。
3. 是否选择车种（欲搭乘ICE高铁或排除所有快车，而只搭乘慢车等）；若选all即表示不指定，系统会自动做最佳路线与列车的安排，并做细部查询，如：人数、舱等。
4. 按"Verbindung suchen"或"Find Connection"按钮，即出现列车组合清单（例如：11:16直达汉诺威，乘车时间2小时34分）。
5. 查看想搭列车的相关资讯，如总乘车时间等，选择"Reservation"，会出现票价。
6. 若想查询其他列车组合，或想改搭晚一点的，则会出现此列车的转车资讯（在哪站下车，再转搭哪一班车）。
7. 售票机可将心仪、查询的列车组合打印出来，是一项非常贴心的服务。

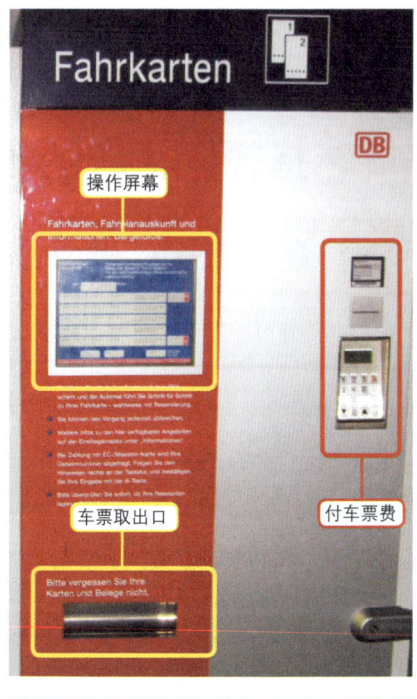

操作屏幕
车票取出口
付车票费

旅游小提醒

Hbf是火车总站的代称

在德国的大站常可看到站名为城市名加上Hbf，亦即总站之意。该词原为Hauptbahnhof（Haupt主要；Bahn铁道；Hof场地；Bahnhof即车站之意），简写为Hbf，直译成英文，即为Main Station。

Steps 自动售票机使用步骤

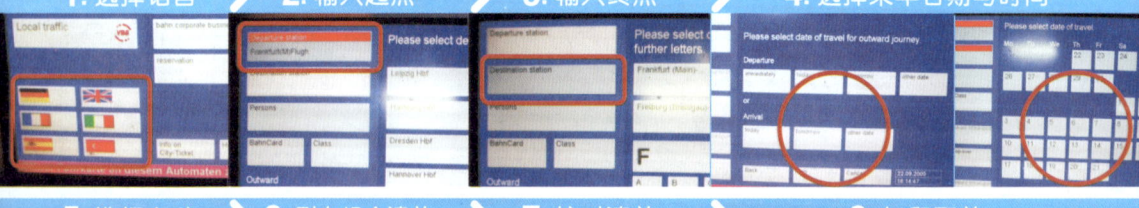

1. 选择语言 → 2. 输入起点 → 3. 输入终点 → 4. 选择乘车日期与时间

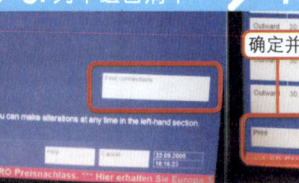
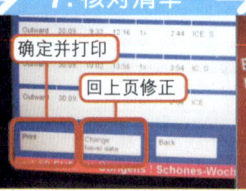
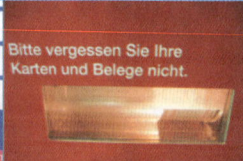
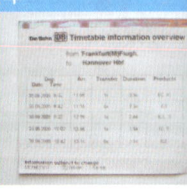

5. 选择车种 → 6. 列车组合清单 → 7. 核对清单 → 8. 打印取单

确定并打印
回上页修正

如何购买火车票

德国的火车票，主要分为在国内先买好的周游券、在德国分段买的一般火车票、适用于团体及短途慢车的、廉价的周末票及邦票。

购买German Railpass周游券

德铁周游券(German Railpass)可以在德国搭乘德国国铁所有的火车(包括ICE高铁)使用，适合有计划搭火车旅行的游客。票价划算许多，可省去排队买票的时间，而且能以优惠票价购买跨国车票等，一举数得。德铁周游券最好事先在国内购买，可以向办理欧洲票务的各大旅行社订购。

至于可以在欧洲各国不限次数搭乘几乎所有的车种、能跨国使用的欧铁周游券(Eurailpass)，价格较高，实际费用请洽各大旅行社。

购买German Railpass小提醒

Rail Pass天数，买越多省越多

使用Rail Pass从法兰克福搭ICE高铁到柏林，一等舱单人票(4天期)才210欧元，平均1天只要52.5欧元。若在德国当地买票，二等舱就要95欧元。Rail Pass购买天数越多，平均单日就越便宜，2人同行及26岁以下还有优待。

青年票、2人同行更便宜

青年票指26岁以下才能购买的单人票；2人同行的价格更便宜。可以在火车票期限内，无限次搭乘德国国铁所有的火车(包括ICE高铁)；但票价不含订位、餐饮及睡卧铺。

Railpass这里买

在国内，可以通过欧洲铁路公司中国售票处网站（www.europerail.cn）订购欧洲火车通票。该网站可帮助旅客在购买欧洲火车票时掌握最新的列车时刻及票价信息等资料。

德铁周游券(German Railpass)票价介绍

| 有效期 | 成人票 | | 二人同行（TWIN）更便宜！ | | 青年票 |
一个月内	一等舱	二等舱	一等舱	二等舱	(26岁以下／单人) 二等舱
任选3天	€247	€188	€190.5	€139	€150
任选4天	€264	€202	€199.5	€151	€162
任选5天	€288	€217	€222	€161.5	€172
任选6天	€323	€239	€244	€178.5	€185
任选7天	€355	€262	€266.5	€194.5	€195
任选8天	€387	€282	€289	€213	€205
任选9天	€426	€308	€311.5	€230	€218
任选10天	€460	€330	€335	€246	€229

＊单位：欧元／每人(以上票价不包含手续费6欧元)　　表格整理／旅行社

额外优惠： 以下资料时有变动，仅供参考；依照当地情况，优惠内容可能有变动或调整，请于出发前再次确认。

- 能免费搭乘ICE高铁，但某些车种如ICE Sprinter(每天清晨往返法兰克福、柏林、慕尼黑的早班特快车)需事先订位。
- 搭乘以下列车可享优惠价：柏林、华沙特快车(Berlin Waszawa Express)、城市夜线(CityNightLine)以及巴黎至德国夜车(Paris-Germany Night Train)。
- 搭乘欧洲巴士Europabus Lines 189(Burgenstrasse城堡路线)与190(Romantische Strasse浪漫路线)可享4折优惠。
- 可免费搭乘由KD German Rhine Line(Köln Düsseldorf)游船公司营运的游船，行驶于莱茵河畔科隆(Köln)与美因茨(Mainz)之间，以及摩泽尔(Mosel)河畔科布伦茨(Koblenz)与科赫姆(Cochem)之间。

 开始在德国自助旅行

Steps ▶ Rail Pass使用步骤

Step 1 在火车站的服务处盖章启用
Step 2 使用前填上使用日日期
Step 3 请先订位，确保有座位
Step 4 搭车

Rail Pass解析

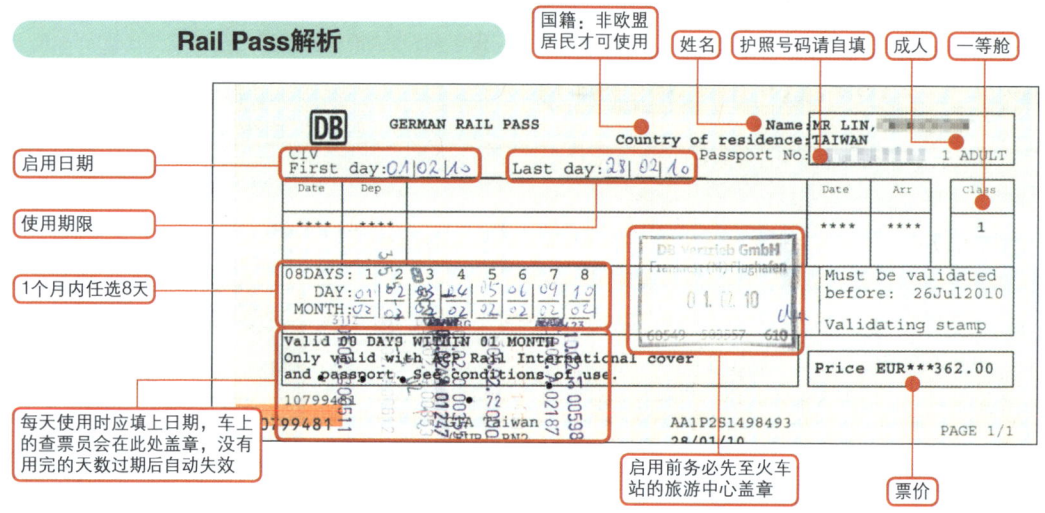

- 国籍：非欧盟居民才可使用
- 姓名
- 护照号码请自填
- 成人
- 一等舱
- 启用日期
- 使用期限
- 1个月内任选8天
- 每天使用时应填上日期，车上的查票员会在此处盖章，没有用完的天数过期后自动失效
- 启用前务必先至火车站的旅游中心盖章
- 票价

购买德铁火车票

若没有事先购买Rail Pass周游券，就必须在德国当地购买火车票，方式如下：

●直接上网订票

可在德铁网站上订票，并以信用卡付款。

●使用自动售票机购票

可用上述查询班次的自动售票机买票，此机器接受纸钞及硬币以及欧洲银行的提款卡。通常是短途或周末票、邦票、地铁票等金额小的交易才用自动售票机买。搭中、长途火车，若确定要用最贵的一般票价购买，当然也可用自动售票机买，会比排队跟柜台人员买还快。

●在火车站的旅游中心柜台向服务人员买

若是团体出游，却没有先买德铁或欧铁周游券，建议可买周末票或邦票；如果是在周末可选

德铁自动售票机

择周末票，一般日则可选择邦票，搭乘地区列车。但无法搭乘高铁等快车。

Express窗口：只能马上买今天班次的车票(流动速度较快)。

Reservation窗口：可买预售票，可询问班次、订位等，因为有些人会问很多问题，所以可能要等很久，最好一次将想问的问题或想订的位子尽量想清楚，以免每到一站就又要花时间排队。

购买BahnCard 25、50优待卡

因为德国火车正常票价Normalpreis极贵，若要在德国长待一段时间且经常搭火车，建议购买优待卡BannCard。持有BannCard可在到达目的地当天，在该城市享有City Card优惠，可免费搭市内捷运、地铁、电车、公交车等一趟(全德约50个大、中城市提供此City Card优惠)。

买优待卡的价钱，搭得够多才划算！

	一等舱	二等舱
BahnCard 25	€114	€57
BahnCard 50	€460	€230
BahnCard 50 for 26岁以下学生及60岁以上长者	€236	€118

＊注意事项：若持有BahnCard，请记得每次买票时先告知服务人员，才能享受优惠。
＊以上资料时有变动，请以最新公告为准
＊表格整理／林呈谦

购买Normalpreis车票小提醒

票价概说

正常票价Normalpreis以里程数计算，单人单趟极贵，且年年调涨。InterCity快车为正常票价加约5欧元；ICE高铁的票价则有特别的算法，若临时购买单程票，票价极为惊人。长途搭乘若要省钱，建议使用Railpass或是来回票的优惠方案"Sparpreis"，或是当季特别的优惠方案(请询问德铁柜台人员，或上德铁网站查询www.bahn.de)。

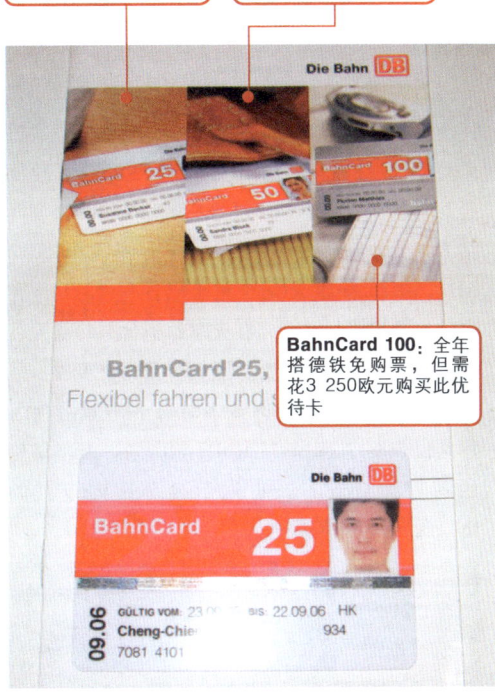

BahnCard 25：可享全年火车正常票价75折
BahnCard 50：可享全年火车正常票价5折
BahnCard 100：全年搭德铁免购票，但需花3 250欧元购买此优待卡

买票不用大排长龙

德铁大部分的大站已启用号码牌制度，二等舱乘客请先抽号码牌等待叫号，一等舱乘客则可以直接排在1.Klasse窗口办，不用抽号码牌。

火车站的服务中心

德国火车站有几个可供查询的服务中心，像是旅游中心ReiseZentrum提供各种旅游资讯，也提供火车班次查询服务，但常常大排长龙，所以建议还是自己用网络或自动售票机查较快，如果操作上有不懂的地方，可在大厅的简易柜台Information(或称Service Point)询问。

购买周末票、邦票

若想团体一日游，却没有德铁或欧铁周游券，还可以选择周末票或邦票等经济实惠的方式。

● 周末票

若为周六或周日的一日游，可以购买周末票(Schönes-Wochenende-Ticket)，一般车票售卖机都有此选项按键，一张票可供5人使用(未来可能是2个大人＋3个小孩；最好在Information处询问清楚)。周末票可以在全德任搭区间车RE、RB、S-Bahn一整天(可使用至隔日凌晨3点)，在自动售票机买42欧元，在火车站柜台买44欧元，上了火车才买票会更贵(票价每年都可能调整)。使用周末票请在查询时刻表时(上网查询或使用售票机查询)，选择"Local Traffic"，若不清楚如何只选搭慢车，可以至火车站内设置的Information处询问服务人员。

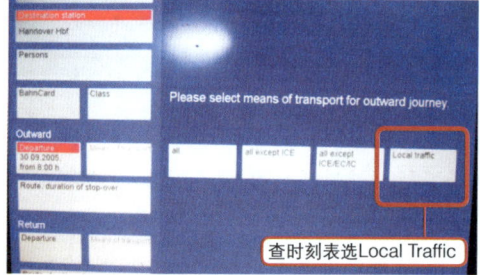

查时刻表选Local Traffic

周末票说明

使用周末票也要签名

自动售票机按键说明

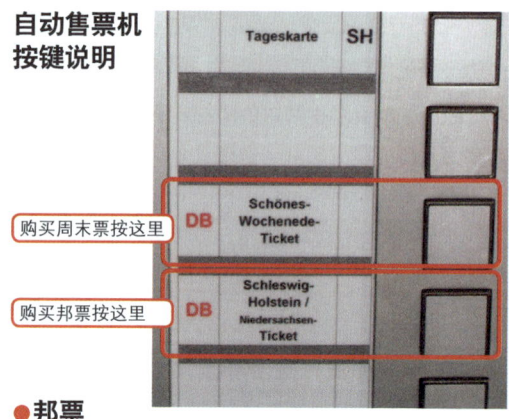

购买周末票按这里
购买邦票按这里

● 邦票

适用于平常日(周一～周五)，全德各邦都有Länderkarte，各邦名称不一，如以慕尼黑为首府的巴伐利亚邦称为"Bayern-Ticket"，20～30多欧元，在售票机购买较快速。邦票可以供至少2个大人＋3个小孩使用，有些邦的条件则更宽松，可以询问Information的服务人员。邦票可以从当日的早上9点使用至隔日凌晨3点，可以任意搭乘全邦境内的区间火车RE、RB，以及大都市的S-Bahn、U-Bahn、电车、巴士。

有些邦，如在汉诺威所属的下萨克森邦，及慕尼黑所属的巴伐利亚邦，可买单人邦票，10～20欧元。城市邦会与周边的大邦合用1张邦票，如汉堡、不莱梅与邻近的汉诺威，共用Niedersachsen-Ticket。有些邦票可适用于周六或周日全天，也有些邦票有价格较低的Single个人票与夜票(18:00以后搭乘)，可询问并善加利用。

购买周末票、邦票的小提醒

可搭乘的内容各邦不同
因应各邦邦票情况不同，某些邦票可以搭乘大城市的市内地铁(U-Bahn)，详情可洽询Information的服务人员。持有周末票则不能搭乘大城市的市内地铁(U-Bahn)，得另外买地铁票。如何搭乘U-Bahn，请见p.72。

用不完的邦票，千万不可转卖
因为周末票或邦票可用一整天，有些人在下午过后已到达目的地而不必使用，会向想买周末票或邦票的人兜售。记得这是禁止的，交易时千万别被警察看到。

如何订位

不论是买德铁周游券(German Railpass)或在德国买一般的火车票，都是不含订位的。也就是说，若要确定有位子坐，在确定班次后，就应该要订位。幸好德国的火车通常都不会客满，但在周五或周日以及暑期旺季或是有特别活动时搭车，建议一定要订位，以确保不必用站或坐在地板上。

座位种类有哪些

德国的火车座位种类相当多元，可依个人的喜好与需要来订位。ICE高铁及IC、EC快车大都有大车厢(Grossraumwagen)，以及包厢式(Abteilwagen)的车厢，通常是二等舱6人一间；一等舱5人一间，且包厢很大。

可依喜好告诉柜台人员你欲选择的座位，如靠窗(am Fenster)或走道(am Gang)；也可以选择一排一排的座位(in Reihe)，或是面对面的座位(Vis-a-vis)。列车车厢现已全面禁烟。

德国火车车厢的末端，通常设有可置放大行李的空间，较小的随身行李则可以摆放在座位上方的架子上。

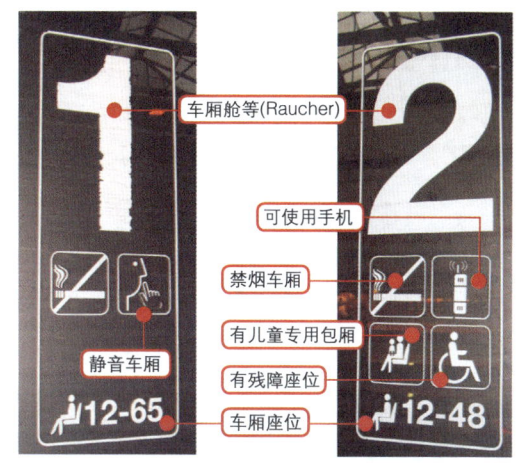

车厢舱等(Raucher)
可使用手机
禁烟车厢
有儿童专用包厢
静音车厢
有残障座位
车厢座位

订位费用

在德国订位，不分距离，一趟是3欧元；如需转一次车(如一段ICE高铁再加一段IC快车)，订位金也为3欧元。

列车订位小提醒

各列车的订位规定

德国火车包括ICE高铁几乎都没有强制订位的规定，也就是有车票便可搭。但如果真没位子，德国人会在车厢门附近席地而坐。不过德铁夜车(DB Nachtzug)与一些特别的列车，如柏林—华沙特快(Berlin-Waszawa-Express)、载车火车(Autozug)、度假专列(Urlaub Express)等，则是必须订到位才能搭乘。

德国火车票解析

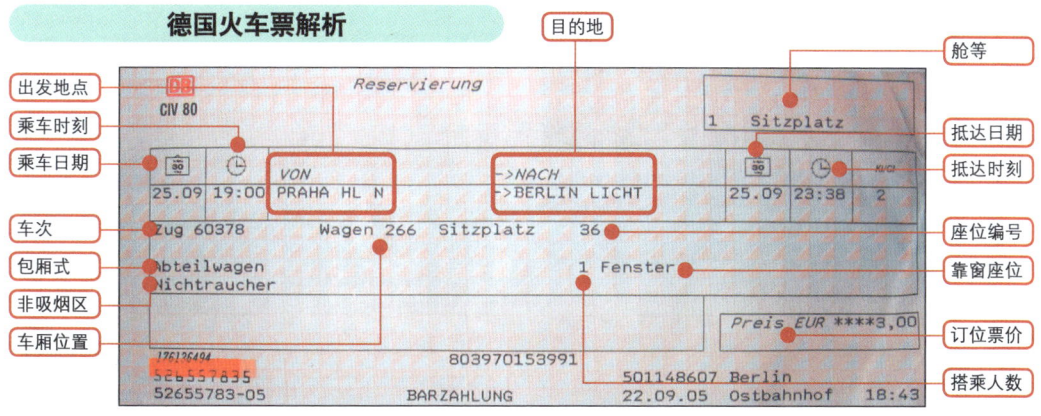

出发地点
乘车时刻
乘车日期
车次
包厢式
非吸烟区
车厢位置

目的地

舱等
抵达日期
抵达时刻
座位编号
靠窗座位
订位票价
搭乘人数

如何搭乘火车

 查看时刻表(Fahrplans)

黄色这张为发车时刻表，白色是到站时刻表。时刻表上除了时间、列车号码、站台、终点站外，还会列出途经的重要的停靠站。

发车时刻

到站时刻

 看大时刻表看板确认

大厅一定有大时刻表看板，应确认欲搭列车的时间、站台，以及有无误点等资讯。

搭乘火车小提醒

关于查票

火车上一定有乘务员查票，若无票，在车上买会较贵。乘务员会在每个大站发车后，到各车厢巡访，会说"Ist Jemand zugestiegen?"亦即向刚上车的乘客查票。若你的车票已被查过，他就不会再看，除非他忘记已经向你查过，或是刚换一组新的乘务员。

 走对站台候车

德国的长途列车很长，站台分A、B、C、D、E、F段，有些大站甚至会有20～30个站台(轨道)，搭乘时须特别注意站台号码，不要上错站台。通常一等车厢会在其中一端，其余为二等车厢的区段。

站台分段看这里

发车时刻　车次　经由　终点站　站台

 看站台上信息板的标示

信息板的资讯丰富，会显示即将进入此站台的列车资讯，如发车时刻、列车号码、沿途重要停靠站、终点站等。若有订位，请查看车票上的车厢号码，然后与站台上车厢停靠的区段告示(Wagenstandanzeige)相对照，找到正确的区段等车。

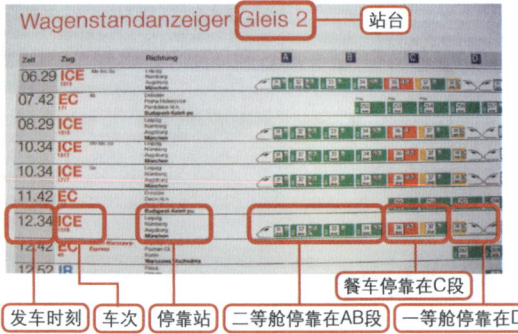
站台
餐车停靠在C段
发车时刻　车次　停靠站　二等舱停靠在AB段　一等舱停靠在D段

Traveling in Germany

交通篇

 Step 5 找对车厢、座位

每个座位上方都有号码及订位记录。若没订位，屏幕不会显示订位路段；若已被订位，也可趁非订位路段乘坐，不用担心被赶，可安心坐下来。

靠窗座位 ｜ 座位编号 ｜ 有订位路段显示看这里

善用车上资讯

液晶屏幕显示下个停靠站、目前速度等。铁路刊物则报道德铁动态及旅游主题，但是仅有德文版。

德铁优惠方案

个人或团体的优惠方案
Sparpreis

由德国甲地到乙地，若250公里以下，最便宜可买到单程19欧元的便宜票；250公里以上，最便宜是29欧元。可上网预购，或在德铁柜台购买。

▌注意事项

1. 便宜票数量毕竟有限，若最便宜的票已售罄，价格会往上调，如39、49……
2. 若上网订购，需给信用卡号码。订妥后需将网页打印出，搭车时将此页视为车票，车上的验票员会用此页的二维条码验票，并要求出示订购此票的信用卡。
3. 至少需于出发前3天就买好票，要搭哪班火车需于买票时确定。
4. Spar是德文的省钱之意，Preis是如同英文的price。除德国国内的路线外，搭火车到一些其他欧洲国家大多也适用此来回票优待的方案。

B 到欧洲其他国家
Europa Spezial

对于没有周游券、也没有BahnCard优待卡的旅客，可向旅游中心询问想去的目的地(通常是德国邻国的首都或大城市)是否有Europa Spezial的优惠。这种优惠数量有限，且时有时无，如果刚好有则是相当幸运且划算的方案。

例如：柏林到阿姆斯特丹，单程只要29欧元；法兰克福到阿姆斯特丹或法兰克福到维也纳，单程只要39欧元，可以说比正常票价的一半还便宜。一些夜车也提供这样的优惠，称为SparNight，单程也只要29欧元，须及早买票，以免票卖光。

▌注意事项

优惠时有变动，要注意火车站售票中心的广告，有时会有很便宜的票。

火车站的其他服务

电扶梯及电梯

德国火车站及大部分的地铁站，都设有完善的电扶梯及电梯，对残障人士或行李较多的旅客，提供极大的便利。有些电扶梯在没有人搭乘时会自动停止，从这些小地方可以看出德国人对节约能源的重视。

出租车

火车站外会有许多米白色的排班出租车，而且多是宾士车。德国的出租车车资极贵，若需要开后车厢使用，宜酌情给约0.5欧元的小费。若刚好没有排班出租车，可以向车站的Information人员询问如何电话叫车。

行李保管

德国的火车站都有极多的投币式自助寄物柜(Schliessfächer)，标志为皮箱+钥匙。小型寄物柜每24小时2～3欧元；大型寄物柜每24小时4～5欧元，可放1个大、中型的行李箱。

租车

大站会有租车中心且有多家租车公司可选。

旅馆资讯

许多旅馆会在火车站打广告，车站Information的人员通常只会告诉你到城里的旅游中心洽询代订旅馆。有些火车站则本身就有旅馆(InterCityHotel)。

投币式寄物柜的使用方法

使用法为先打开寄物柜的门，将行李放好、投币后关门，然后取走钥匙或取走磁卡。请将钥匙或磁卡保管好，若有问题就找服务人员。可先投24小时的金额，来取时若超过24小时，机器会显示需加投的金额，投足后就能打开。大站的寄物处通常很大，也可能分好几区，请记得自己行李是放在哪一区，以免来领时要慌乱找寻。若刚好碰到大假日，寄物柜没有空位，可寄在火车站的行李房，但费用较贵，且太晚可能会打烊而无法取行李。

Traveling in Germany | 交通篇

垃圾分类

德国的垃圾分类执行十分严格，在火车内及火车站，也应遵守垃圾分类，若乱扔垃圾可能会遭热衷环保人士指责。

从左至右为杂物、纸类、包装物(胶瓶和铁、铝罐)

洗手间

车站的洗手间需要付钱，通常是0.2～0.5欧元。火车上的厕所则是免费，且通常都很干净，旅客可多利用。

使用洗手间小提醒
欧洲厕所大都要付钱
欧洲许多国家的公共场所的洗手间，包括火车站、百货公司、麦当劳等，通常都有人看管，使用后都需要付费。

推车

若有大行李，从火车站大厅到站台之间，可使用如同卖场的推车，需用0.5或1欧元的硬币取车，并可退币，十分便利。

旅行小提醒
小心遭窃！贵重物品不离身
虽然很少听说在德国的火车上有失窃案例，但离开座位时，如到餐车用餐或上洗手间，还是应将贵重物品随身携带。

商店街

德国火车站的商店极多，让旅客充分享有方便，但价格可能会贵一点，尤其是饮料类。

DB Lounge

持有一等车厢车票的旅客，候车时可至德铁大站的Lounge休息或候车，享有免费的冷热饮、报章杂志等服务(但持Rail Pass一等舱的车票仍不能进入使用)。

省时、省钱的夜车之旅

在欧洲国家旅行，有时必须长途跋涉。在德国从南到北就有将近1 000公里，若是充分利用夜车做长途旅行，就可以省下不少时间以及住宿费用。德国几乎所有重要的国内及国际长途路线，都有夜车行驶，在德铁网站www.Bahn.de查询时刻表，若出发时间已是晚上，就会出现夜车的班次。

德铁夜车网站
www.nachtzugreise.de

搭乘夜车的优缺点

车种	优点	缺点
夜车	利用晚上睡觉的时间旅行，不必占用白天的行程，一早即到目的地。且可节省旅馆费用。	夜里看不到欧洲优美的风景，火车卧铺空间狭小，不如旅馆舒适，且要随时注意安全。
一般白天列车	可欣赏沿途风景，享受高品质的旅游，且安全较无顾忌。	长途旅行常需要五六个小时以上，可能耗去整个白天时间。

表格整理／林呈谦

票价算法

- 买正常票(Normalpreis)，单笔计算，通常极贵。
- 提早订位，也许可订到极优惠的价钱(如德国到意大利的座舱最便宜只要29欧元)。
- SparNight 29、39、49、59欧元等，视舱等而定，数量有限！
- 若向国内旅行社买好德铁周游券(German Railpass)，卧铺只需付差价，请见下表。

夜车订位

在火车站向旅游中心订位，它们会详细回答你的问题。预订车厢座位常用的德文单词：

舱等／Schlafwagen、Liegewagen、Sitzwagen
吸烟／Raucher；非吸烟／Nicht-Raucher
上卧铺／Oben；中卧铺／Mitten；下卧铺／Unten
女性包厢／Damenabteil

夜车加价范例参考(每人/欧元) 仅供参考，视路线与乘车距离而有差异

夜车床/座位加价 Aufpreis	持一等舱Railpass 订有个人卫浴的Deluxe Schlafwagen	持一或二等舱Railpass 订无个人卫浴的 Economy Schlafwagen	持一或二等舱Railpass 订Liegewagen	持一或二等舱Railpass 订Sitzwagen-Ruhesessel
单人房	105	105		
双人房	65	65		
三人房	45	45		
四人房		45	20	
六人房			30	
六人座包厢式				4
大车厢的躺椅Ruhesessel				10

＊以上资料时有变动，请以最新公告为准。　　表格整理／林呈谦

德铁夜车：DB Nachtzug

德铁的标准夜车,有数十条长途路线,除德国国内线,亦有许多到邻国的首都或大城市的国际线。DB Nachtzug是改良过的夜车(德铁夜车已改成英文名,统称City Night Line),其底盘有21世纪初期才陆续推出的新型气垫式设计,比传统的列车平稳、安静,搭乘卧铺尤其舒适。而且德铁夜车在深夜皆没有停靠站,所以不会有旅客进进出出,睡眠质量因此较佳。舱等依价钱及舒适程度主要分为以下几种类型：

Schlafwagen豪华卧铺

最高级的卧铺,1间通常是3个床位,也有1间是2个床位的车厢;单独旅行者可只订1个床位,与其他旅客共用一间。有些路线的火车甚至是双层车厢。订位时可选楼上的房间,视野较佳且有斜式的天窗。睡觉前是沙发、睡觉时变成上、下铺有柔软棉被的床。

Schlafwagen的icon

德铁夜车最常见的Schlafwagen车厢称为Comfortline,车体是一层楼(与p.69的双层楼车厢不同)。

1. 房门可上锁,有绝对的隐私。
2. 早晨服务人员会送全套的早餐到你房内。

搭乘夜车小提醒
- 要特别留意自己的行李,贵重物品最好带着睡觉。
- 单身女性应该避免独自搭乘夜车,以保障安全。
- Liegewagen及Sitzwagen在暑假期间会有很多年轻人,他们通常行李很多而且很吵,与他们同包厢是相当独特的体验,说不定可以多认识一些各国朋友。
- 遇高峰日、假日,较旧、较传统的夜车座位车厢(非卧铺)会挤满人,可能会很吵,所以要尽量及早订好卧铺,若无卧铺,应考虑放弃搭夜车。
- 对同包厢的室友初次见面时,礼貌地说声"Hallo"即可。

Schlafwagen的车厢外观

Comfortline Economy卧铺　　Comfortline Economy房间内洗手台

Liegewagen 简单卧铺

价格较大众化、乘客也较多元，是可以享受卧铺，又不会太花钱的经济选择，多为4床或6床一间，白天为座椅，晚上睡觉时变成卧铺。床位为包厢两侧，各有上、下铺(4床房)或上、中、下铺(6房床)，通常与陌生人同住一间，较无隐私，房门未上锁。可选择全部女性的包厢(Damenabteil)，但需于订票时特别询问并告知票务人员。

Liegewagen的icon

Sitzwagen 一般夜车

纯座位的欧洲传统式6人包厢，整夜只能坐着，若包厢人少也可以躺在长椅上。Sitzwagen虽然经济秘惠，但无隐秘性，贵重物品切勿离身。

Liegewagen的车厢外观

Sitzwagen的图标及车厢外观

欧洲最现代、豪华的夜车：City Night Line Schweiz

*与Comfortline卧铺不同的是，此型的卧铺车厢是两层楼，此种车厢的路线已越来越多。

City Night Line Schweiz瑞士城市夜线，可说是欧洲最现代且豪华的夜车，虽然City Night Line Schweiz是瑞士的公司，但每一条路线的大部分路段都是在德国，包括苏黎世—柏林、苏黎世—汉堡、多特蒙德(鲁尔区)—科隆—维也纳、慕尼黑—阿姆斯特丹、苏黎世—阿姆斯特丹。City Night Line Schweiz的各个舱等的车厢，都非常舒适。

City Night Line Schweiz
www.citynightline.ch

Deluxe豪华双人房

顶级、最宽敞的车厢房不睡时是沙发，睡觉时则为高级寝具的豪华卧铺，特别适合情侣蜜月旅行。还有面对面的桌椅；一进房，桌上即有香槟迎宾。房间内有个人卫浴，可淋浴。屋顶又有天窗可赏景(用Railpass加价订Deluxe舱房时，Railpass须是一等舱车票)。

(图片提供／德铁DB)

早上会有全套欧式早餐（图片提供／德铁DB）

Economy 2 经济双人房

各项服务与Deluxe极相近，不过没有香槟、房间只有一半大，有洗手台，但没有专属卫浴。车厢因有楼上、楼下，建议订位时讲明要楼上(Oberstock)，视野较佳，又有天窗。

Economy 4 经济四人房

有4张床位，也可变成4个座位。可单独订位，4人同行可以订一整个车厢。Economy 2与Economy 4都有专人送早餐。

Liegewagen简单卧铺

较简单的卧铺，可订单个床位，实惠经济。

Sitzwagen-Ruhesessel坐舱

坐舱非包厢式，每个座位都可斜躺，且有个人夜灯及毛毯，服务人员会推着Minibar出售饮料、食物。

Bar / LoungeRestaurant

CityNightLine又名为"Thousand Star"(千星交谊厅)，不仅有可口的餐点，又有来自各方的乘客，可以好好地social一下！

(图片提供／德铁DB)

一般夜车：EuroNight (EN) 与D-Nacht

与德铁夜车DB Nachtzug的配置大致相同，但车厢比较旧，只有暖气、无冷气，沿途停靠站较多，半夜可能会被上、下车的旅客打扰。Sitzwagen无须订位，旺季时可能会有人挤在走道上，拥挤而不舒服。此种传统夜车称为"EuroNight EN"或"D-Nacht"，可从欧洲中心的德国，抵达欧洲各国(包括东欧各国)，最远甚至可到达莫斯科。

市内交通

在德国，凡50万人口以上的城市，就有通往市郊的通勤电车S-Bahn(Schnell-Bahn快铁之意)及市内地铁U-Bahn(Unterground-Bahn地铁之意)；10万人口以上的城市，就会有轻轨电车Tram(或称Strassenbahn)。各城市的火车总站(Hauptbahnhof，简称Hbf)都有S-Bahn、U-Bahn交汇，四通八达，十分便利。

S-Bahn通勤电车

连接市中心与市郊各城区，人口密集的鲁尔区甚至全区都有S-Bahn的路线。S-Bahn班次频繁，在高峰时间几乎都是5、10分钟就一班。值得一提的是，因为S-Bahn归德铁管辖，所以持欧铁、德铁Railpass皆可搭乘S-Bahn，无须另外买地铁票。

U-Bahn市内地铁

德国有十几个城市有地铁，在各城市的地底交织得密密麻麻。越大的城市地铁就越复杂，如柏林及慕尼黑都有数百个地铁站，许多站还有很多个出口，对当地居民及旅客提供极大的便利。

Tram或Strassenbahn轻轨电车

几乎每个大城小镇都有市内轻轨电车。有些路线可能已经上百年了，有些车厢很老，有些车厢则很新，无论如何，搭乘轻轨电车都十分惬意与舒适。

Bus公交车

公交车可补地铁不足的路线。在郊区则负责学童、推婴儿车的妈妈与中老年人在乡下与城里之间来往。一般来说，公交车路线因为不像地铁图那么简单明了，所以游客搭乘的机会不像地铁那么多。

搭乘轻轨电车与公交车

凡有S-Bahn、U-Bahn的大城市,也都有轻轨电车及公交车在路面上运行,以补地铁的不足。中小型城市(如十几万人口的海德堡),则以轻轨电车及公交车为主要的市内交通工具。

轻轨电车及公交车的路线及停靠站通常较复杂,无法像地铁路线图那般简单明了。欲取得路线图,需向旅游中心(Tourist Information)询问或索取。

如果遇到周日,旅游中心可能较早关门,关于公交车路线可能要问同样在等车的乘客。如果只是要从火车站搭至古城市中心,可能有很多条路线可达,若能知道市中心的站名,便可放心搭乘。

公交车的贴心设施

德国的公交车有很体贴残障人士及妈妈的设施,停车时会稍微倾斜以方便妈妈推婴儿车下车。

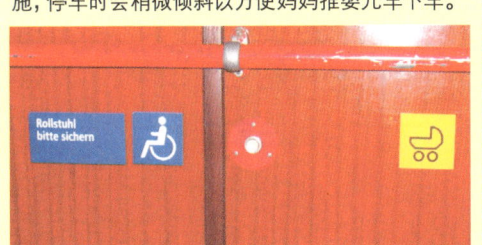

如何搭乘

Step 1 站牌等车

黄底绿H字样为停靠站,在站牌可看出路线及班车到站时刻及各站点间的行车时间。德国连公交车都有时刻表且几乎班班都准时。

Step 2 购买车票

可在站点的自动售票机买,或在车上跟司机买。市内交通的车票不分公交车或电车或地铁,一律通用。

Step 3 上车打票

请由前方车门上车,上车需打票。若由地铁站转乘,就无须再买票及打票。

Step 4 到站下车

到站信息请看LED屏幕,且会广播站名。

下车铃按这里　　下一个停靠站看这里

搭乘通勤电车与地铁

如何搭乘

 Step 1 找到想搭的路线及站点

旅游中心或较大的地铁站,都可索取完整的地铁路线图。

 Step 2 购买车票

在地铁站入口都有自动售票机,可用纸钞购买票、可找零;有些大站设有售票亭,可跟售票员购买票,也可询问。

每个城市地铁票的规定不一样,若有疑问,可询问车站内信息外Information或当地旅游中心Tourist Information(通常在火车总站前或市中心闹市区)的服务人员。

德国市内交通的票价极贵,尤其是单人单程(Einzelfahrt)的票价约2欧元,若同一天要搭超过3趟以上,则建议买一日票Tageskarte(Day Pass)最划算。一日票也有供2～5人使用的团体票,票价更划算,但每个城市规定不一,须查询清楚。

使用自动售票机小提醒
旧式的售票机没有英文界面

有些售票机是旧式的,没有触控屏幕,也不能选英文;如果不懂德文,只好找人协助或找新的有英文的机器。

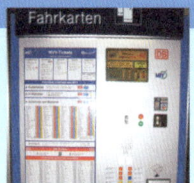

 Step 3 进入地铁站

看到圆形、绿底、白S,或蓝底、白U的招牌即为通勤电车或地铁的车站,通常都设有电梯及电扶梯,方便行动不便的乘客。

Step 4 找对搭乘路线

有些地铁站有多条路线交会,请看标志朝要搭乘的路线前进。

售票亭

自动售票机

Steps 自动售票机购票步骤

1. 选语言画面 → **2. 选票种** → **3. 付费** (此例为单程票2.10欧元) (此例为一日票5.80欧元)

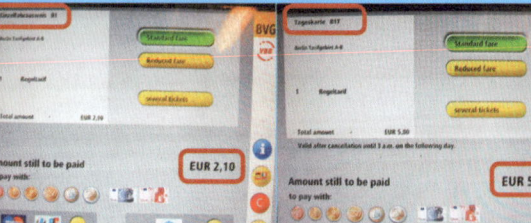

英语按这里

Traveling in Germany

交通篇

 确认列车方向

列车的前进方向通常以终点站做区别，与国内地铁的搭乘法相同。看标志走对站台，就可以轻松搭乘S-Bhan与U-Bhan。

 打票进站台

若是一日票或多日票，只要在启用时打1次即可，但要妥善保存，查票时要检查。

 候车

善用等车的时间，在任一地铁站的站台，都可查看墙上地图或班车时刻及行车时间等资讯。

德国地铁的特点

搭过国内地铁的对德国地铁的搭乘方法，必然不陌生，不过德国地铁有些不同之处。
1. 德国的车站都没有剪票口，买好票进车厢前需先打票，印出乘车日期及时刻，虽然没买票也可以上车(此即搭霸王车，德文称为"Schwarzfahrer"，也就是搭黑车的)，但若在车上被查到，会受重罚，而且德国的地铁各车厢都是独立的，查票时是不可能溜到别的车厢去的，所以还是奉劝各位别做这种冒险又丢脸的事。
2. 市内大众运输是由同一家公司或机构营运管理，所以没有地铁票或公交车票之分，车票都是通用的。
3. 对游客而言，日票可无限搭乘，十分划算。

站台看板标志解析

● 可看要到的城市景点或街道是朝哪个出口方向

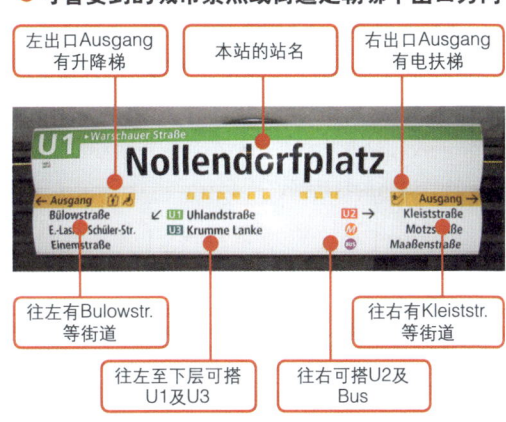

左出口Ausgang有升降梯　　本站的站名　　右出口Ausgang有电扶梯

往左有Bulowstr.等街道　　　往右有Kleiststr.等街道

往左至下层可搭U1及U3　　往右可搭U2及Bus

● 如需转乘其他地铁线，请沿此标志

要搭乘S-Bahn或U1、U2、U7、U8或Tram轻轨电车，请往左走

U2及U7可达慕尼黑商展场(斜蓝M标志)

● 如需转搭火车，请沿DB标志

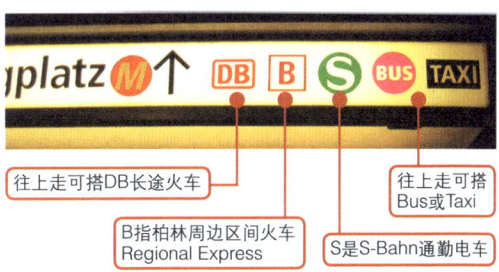

往上走可搭DB长途火车　　　往上走可搭Bus或Taxi

B指柏林周边区间火车Regional Express　　S是S-Bahn通勤电车

搭乘地铁小提醒

上地铁前记得先打票喔！

德国的地铁站没有任何剪票口，**上地铁前记得自行打票**，电车及公交车则是在车上打票。在车上偶有查票，若上车后没打票，会被视为没买票，要罚30~50欧元(视各城而异)。

车票计费方式

各城市地铁票有不同的规定，比较麻烦的是每个城市的分区状况不同，到郊区的票价与只在市区的票价可能会不同，可洽当地的旅游中心Information(通常在火车总站前面或市中心)，也可上网洽该城市的捷运局。

用欧铁、德铁周游券Railpass，搭S-Bahn通勤电车不用再买票，但欲搭市内地铁U-Bahn，因为地铁是各城市的交通当局自行营运管辖，就一定要另外买票。

以下介绍法兰克福、柏林、慕尼黑、汉诺威四大城市的市内交通路线与票价供参考，因票价及规则可能年年会变动，购票前请再次确认。

法兰克福

由市中心至大法兰克福地区分为好几区，但一般而言，最标准的票价可适用于整个市区(商展场离市区很近，所以使用此费率)，若要涵盖机场，票价当然较高。

若购买活动套票(例如：商展票)，可以乘坐莱茵河、美茵河地区(Rhine-Main Area)的所有区间车，如：S-Bahn、U-Bahn、Bus、RE(Regional Express)，也就是大法兰克福地区。涵盖范围通常西至Mainz、东至Offenbach、北至Marburg、南至Darmstadt。若旅馆在此范围内的城镇，都可以用商展票乘坐公共交通工具(但此票并没有涵盖莱茵河最精彩的那一带，如Loreley、Boppard等)。

城市网站
http://www.frankfurt.de

城市交通局网站
http://www.rmv.de

法兰克福地铁票价表

单位：欧元

车票类别	仅涵盖市区与商展场	涵盖市区+商展场+机场
单人单趟 EinzelTicket	2.70	4.25
单人一日票 TagesEinzelTicket	6.40	8.30
团体(2~5人)一日票 TagesGruppenTicket	9.70	15.00

＊以上资料时有变动，请以最新公告为准。　　表格整理／林呈谦

柏　林

由中心向外扩展分A、B、C三区，C区已涵盖波茨坦(Potsdam)，不属柏林市。除非要到波茨坦的忘忧宫(Schloss San Souci)，否则买A、B两区即够。

Steps 搭乘市内捷运步骤

1. 进捷运站 → 2. 选对路线 → 3. 打票进站台 → 4. 候车看资讯 → 5. 开门上车

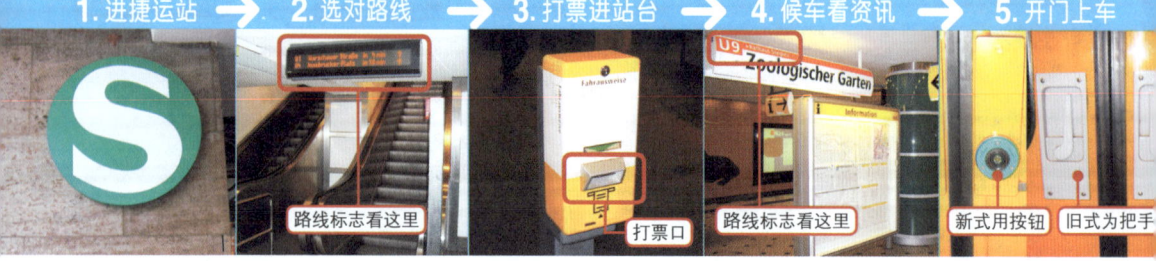

路线标志看这里　　　打票口　　　路线标志看这里　　　新式用按钮　旧式为把手

Traveling in Germany

城市网站
www.berlin.de

城市交通局网站
www.bvg.de

柏林地铁票价

单位：欧元

车票种类	涵盖区域	票价
Kurzstrecke短程票（如地铁3站以内）	不分区	1.50
Einzelfahrscheine单程票	AB	2.60
	ABC	3.20
Tageskarten一日票	AB	6.70
	ABC	7.20
Kleingruppenkarten团体日票（最多可5人同行）	AB	16.20
	ABC	16.70
Zeitkarten长期票		
7-Tage-Karten七日票	AB	28.00
	ABC	34.60

*以上资料时有变动，请以最新公告为准。　　表格整理／林呈谦

柏林AB区7日票　　柏林AB区单程票　　柏林短途票

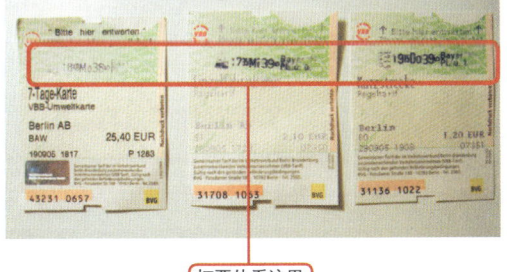

打票处看这里

购票小提醒

城市卡优惠
若买以下城市卡，可在48或72小时内使用柏林的公共交通工具，并享有博物馆及许多门票等优惠。

WelcomeCard 48 Hours	16欧元
WelcomeCard 72 Hours	22欧元

慕尼黑

机场离市区较远，在第四区，若你买的单程票或一日票仅适用于一两区内，若要到机场则需另买1张到机场的车票(若你当天使用德铁周游券，搭S-Bahn到机场则无须另外买票)。

有一种条票Streifenkarte，2张10格，票价11欧元，在一区内使用(如最内白圈)，一次使用2格，也即花费2.2欧元，比买单程票2.3欧元便宜一些。市区与机场之间，因为是跨4区，所以要用掉8格(单程票4区则为9.2欧元)。

城市网站
www.muenchen.de

城市交通局网站
www.mvv-muenchen.de

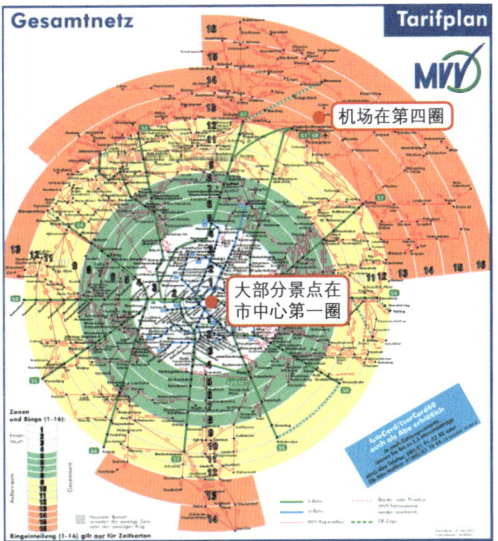

机场在第四圈

大部分景点在市中心第一圈

以同心圆分区：中心第一圈／白色；第二圈／绿色；第三圈／黄色；第四圈／红色，大部分景点在中心第一圈内。同心圆交通图可见于地铁站的站台告示牌，由此图可看到各站点是位于何区。(图片提供／慕尼黑交通局MVV)

慕尼黑单程票价表

单位：欧元

单程票	票价
1区	2.60
2区	5.20
3区	7.80
4区及以上	10.40
Kurzstrecke短票（如地铁两站以内）	1.30

＊以上资料时有变动，请以最新公告为准。　表格整理／林呈谦

慕尼黑日票票价表

单位：欧元

日票种类	单人票票价	两人票票价
Innenraum一日票 最内白圈	6.00	11.20
München XXL一日票 白圈+绿圈	8.10	14.20
Gesamtnetz(全区)	11.70	21.30
3 Tage Innenraum 三日票，内白圈	15.00	25.90

＊以上资料时有变动，请以最新公告为准。　表格整理／林呈谦

汉诺威

请读者注意站台上的红圈及蓝圈地图。使用车票，分区法看红圈地图；若是使用悠游卡，分区法看蓝圈（一般外国旅客都是另外买票，而不是使用悠游卡）。若使用车票，商展场与市区属于同一区，机场则属另一区，更外圈则是第三区。团体日票则可供最多至5人使用。

城市网站
http://www.hannover.de

城市交通局网站
http://www.gvh.de

> **交通小提醒**
> **周游券使用注意**
> 若使用欧铁、德铁周游券Hailpass，搭S-Bahn通勤列车往返机场(S-5路)或搭德铁RE火车到商展场，不用再买票，但若搭地铁U-Bahn到商展场（如U6、U16、U8、U18），则需买单程票或日票。

汉诺威单程票与日票票价

单位：欧元

车票种类	Eine Zonen一区票价 (如市区与商展场Messe之间)	Zwei Zonen二区票价 (如市区与机场Flughafen之间)	Drei Zonen三区票价
单人日票 TagesEinzelTicket	4.70	5.90	7.30
团体日票 TagesGruppenTicket	9.00	11.40	14.00
单人单趟 EinzelTicket	2.40	3.10	3.80

＊以上资料时有变动，请以最新公告为准。　表格整理／林呈谦

德国其他大城市

德国各城市的公共交通也都相当发达，若有需要，请进该城市网站或城市交通当局网站，均可查到S-Bahn、U-Bahn路线图及票价等资讯。

德国各城市网站或该城市交通局网站

城市	城市网站	城市交通局网站
汉堡	www.hamburg.de	www.hvv.de
科隆	www.koeln.de	www.vrs.de
杜塞尔多夫	www.duesseldorf.de	www.de
埃森	www.essen.de	
波恩	www.bochum.de	www.vrr.de (鲁尔区)
多特蒙德	www.dortmund.de	
杜伊斯堡	www.duisburg.de	
斯图加特	www.stuttgart.de	www.vvs.de
纽伦堡	www.nuernberg.de	www.gn.de

表格整理／林呈谦

应用德语ABC

火车 Zug	起站 Von_____	东 Ost
地铁 U-Bahn	迄站 Nach_____	西 West
巴士 Bus	站台 Gleis	南 Süd
出租车 Taxi	左转 um links abbiegen	北 Nord
车票 Fahrkarte／Fahrschein	右转 um rechts abbiegen	左 links
来回票 Hin und Zurück Fahrkarte	直走 geradeaus	右 rechts
费用 Gebühr		

对不起，请问最近的电话亭／邮局／银行／自动提款机／游客资讯中心在哪里？
Entschuldigung! Wo ist die nächste Telefonzelle／Post／Bank／Geldautomat／™ Tourist-Information?

请问火车站／地铁站／公交车站／机场航站楼在哪里？
Wo ist der Hauptbahnhof／der U-Bahnhof／die Bushaltestelle／der Flughafen-Terminal?

我想搭火车／地铁／公交车。
Ich möchte mit dem Zug／der U-Bahn／dem Bus fahren.

我要如何买票呢？
Wie kann ich das Ticket kaufen?

我想搭下一班ICE／IC到柏林。
Ich möhte mit dem nächsten ICE／IC nach Berlin. (ICE发音[i][tse][e])

这班火车几点从法兰克福出发？　Wann fährt der Zug von Frankfurt ab?

这班火车几点到达柏林？　Wann kommt der Zug in Berlin an?

我的票买错了，可以换票吗？
Ich habe den Fahrschein falsch gekauft. Darf ich umtauschen?

我要补票。　Ich möchte zuzahlen.

这张卡不能感应。　Diese Karte funktioniert mit der Maschine nicht.

抱歉，这是我订的位子。　Entschuldigung! Ich habe den Platz reserviert.

请问_____站往哪边走？　Wohin kann ich zum Bahnhof _____ gehen?

如果到了_____站，可以告诉我吗？　Wenn wir _____ erreichen, bitten sagen Sie mir!

请帮我叫出租车。　Bitte rufen Sie ein Taxi für mich an.

开始在德国自助旅行

饮食篇
Dining

在德国，吃什么风味美食？

德国虽不是以美食闻名于世，但其饮食文化是愈来愈多元，除传统型的各地区性料理外，在大都市还可轻易享用到各国美食。

在德国吃什么？	80
德国的三餐	80
餐点形式	81
德国美食介绍	82
地区性美食	82
异国美食	84
甜点、饮料	85
在餐厅用餐	86
街头美食	88
德国的菜单	90
应用德语ABC	91

在德国吃什么？

德国虽不是以美食闻名于世，但其饮食文化是愈来愈多元，除传统型的各地区性料理外，在大都市还可轻易享用到各国美食。而且除了灯光美、气氛佳的餐厅外，还有气氛较轻松的无数大小型啤酒馆，以及遍布各商场或位于百货公司顶楼的开放式现代型餐厅。而各式各样的街头食物则提供方便又令人回味的小吃。

德国的三餐

早餐 Frühstück

德国早餐相当丰富，面包是主食，种类极为丰富，但大多很硬且掺杂五谷杂粮，十分健康且具饱足感。面包的种类可分为：需切片的大面包为"Brot"；小面包通常较软，叫"Brötchen"或"Semmel"。

优格以及什锦果麦也是人人喜爱的健康早餐；蛋以水煮为主，一定会有热咖啡或茶。以上所列的，就算是平价旅馆提供的早餐，也都是应有尽有。

午餐 Mittagessen

传统上德国人的正餐是午餐，所以大多数人会吃全套有菜有肉的热食。12:00～14:00，在市区、大学或办公大楼周边，都会供应热食餐饮，大城市有很多餐厅也会供应，方便上班族或旅客。

晚餐 Abendessen

传统上，德国人的晚餐又称为"Abendbort"，直译为晚面包，因为他们晚餐在家只吃硬的大面包，切片夹火腿、起司，顶多配个热汤，十分简单。现代人则会用超市买来的食材，做顿简单的晚餐，如意大利面或烤冷冻比萨等。

德国人的"面包时间"

介于午餐与晚餐之间，许多人会喝杯咖啡，有些游客会在露天咖啡座喝杯啤酒，当然可以吃蛋糕当下午茶甜点。在南部的巴伐利亚，有些人会吃慕尼黑白香肠(Weisswurst)或咸卷面包(Bretzel)充饥，当作一顿小餐，叫做"Brotzeit"，直译就是"面包时间"。

肝丸子汤

德国的肉类料理通常都很咸，可大口配啤酒，尽享德式豪情。此外，肝丸子汤(Leberknödelsuppe)可当前餐，也值得品尝。

餐点形式

一般来说，德国餐，或说在德国用餐并没有特别的规定或形式，德国并不盛行先上前菜再点主餐，大多数的人在餐厅用餐都只点一道主餐。不过能够品尝整套的德国餐也是旅程中不错的美味体验！

前餐 Vorspeise

前餐例如汤类，并不十分普遍。沙拉可视为前餐，但常与主餐一同食用。汤类口味常极咸，沙拉酱则以酸味为主。

主餐 Hauptspeise

以肉类料理(Fischgericht)最常见，会搭配附餐或配菜，统称为"Beilage"。海鲜(Meeresfrüchte)在北方靠海的地区较常见，其他地区的餐厅顶多只有以鱼类(Fisch)为海鲜主餐。

餐后甜点 Nachtisch/Nachspeise

样式并不算多，大多具有德奥特色且不会太甜，如德式蛋糕、苹果卷等。

德国美食介绍

地区性美食

德国各地或多或少都有具特色的名菜,以下列举几样地方美食,到达当地时不妨一尝!

德国南部料理

巴伐利亚的烤猪腿 Schweinehaxe

通常会搭配德式酸白菜(Sauerkraut)或高丽菜沙拉(Krautsalat),附餐则为香Q的巴伐利亚马铃薯球(Kartoffelknödel)。

烤猪排切片 Schweinebraten

搭配肉汁也很美味,有些猪排带皮。

软火腿排 Leberkase

可当主菜,常搭配荷包蛋,或是夹面包,喜欢重口味还可配上芥末,十分可口。

德国西南部料理

超大面饺 Maultasche

巴登一符腾堡邦(Baden Württemberg)的特色美食,内馅为极碎的肉与菜泥,可水煮搭配酱汁或切块与蛋屑油煎,或与菠菜一起焗烤,通常会搭配马铃薯沙拉(Kartoffelnsalat)。

面疙瘩 Spätzle

巴登一符腾堡邦的另一项特色美食,粗条状的碎面入沸水煮,类似台湾米苔目的成形过程,又软又滑,口感深受大众喜爱。

扁豆泥面疙瘩配水煮热狗 Linsenspätzle mit Saitenwürsten

水煮热狗可搭配豆子泥和面疙瘩,是地道又美味的巴登一符腾堡邦料理。

德国北部料理

水煮猪腿 Eisbein

北德的典型美食,除搭配酸白菜外,还常搭配豌豆泥(Erbpüree),并会以马铃薯泥或水煮小马铃薯为附餐。

其他地区料理

维也纳式炸肉排 Schnitzel

由猪肉、鸡肉或上等小牛肉制成,淋上柠檬汁或佐以各式酱汁,都十分美味可口。

香肠拼盘 Wurstteller

与餐厅合作的肉商,会供应优质的香肠,食客可一次尝尽各种口味的香肠。

德国的季节美食

春夏之际,约五六月间,是白芦笋(Spargel)的产季,厚大的芦笋煮后极嫩且多汁。草莓也在春末夏初盛产,当水果或甜点,都是人间美味,一定要大快朵颐一番!秋天会有新酿成的葡萄酒上市,11月底到圣诞节期间,在圣诞集市喝杯热腾腾的香料葡萄酒(Glühwein),并吃炒栗子或又酥又甜的杏仁果(Mandeln),实在是一大享受!

匈牙利红椒炖牛肉 Gulasch

搭配米饭,令人无法抗拒。

腌猪肉或牛肉煎烤切片 Sauerbraten

市面上有卖烤肉片料理专用的酱料包。

半米长德国香肠

烤半鸭配红高丽菜

煮猪肚 Saumagen

猪肚塞以肉类加以烹煮,然后吃其内的肉。

异国美食

除了地区性美食，德国社会包容了许多外来移民，饮食也当然越来越多元。来到德国除了品尝当地美馔，也可以顺道品尝欧洲等国独特的美味，以下为德国常见的异国美食：

意大利餐点

街道、巷弄随处可见意大利字样"Ristorante"及"Pizzeria"，因为多为意大利人所经营，所以口味很地道，以各式面食Pasta及比萨Pizza为主。

土耳其餐点

德国在20世纪70年代曾引进很多的土耳其劳工，如今他们已在德国落地生根，在街上开了许多便利的Döner Kebab店，看着墙上的大肉串，令人垂涎欲滴，外带或在店内享用都很适宜。

美式及拉丁美洲式餐点

近年来相当受欢迎，街头甚至有硬面包圈（Bagel）专卖店，大城市的星巴克咖啡（Starbucks Coffee）及唐恩都乐（Dunkin Donuts）越来越多。拉丁风味的餐点十分可口，且有地道的南美饮料，有些甚至有Live-Band。Maredo是十分常见的中高级美墨式牛排馆连锁餐厅。

亚洲餐点

中式餐厅各大小城市都有，但口味多半当地化且算是颇高级的料理，大城市则有许多中式快餐，口味却不见得适合中国人，若抱着一尝德国人心中的东方味究竟如何，倒是很值得一试。

除了中式餐厅，泰国、越南或印度餐厅也十分常见，近年来日本寿司越来越受欢迎，在大城市里很容易找到，许多日本料理店也供应韩国餐点，但二者价格都不便宜。

甜点 Nachtisch

德国的甜点有口皆碑，最常见的有Kuchen类的德式蛋糕，以苹果(Apfel)或李子(Zwetschge)或莓类做馅料，少糖少油，十分美味。

涂满奶油的蛋糕称为"Torte"，如著名的黑森林樱桃蛋糕(Schwarzwälder Kirschtorte)。

餐厅常会有现做的饭后甜点，上桌时还是热的喔！如苹果卷(Apfelstrudel)，搭配各式果酱的德式松饼(Pfanne-kuchen)，形状似馒头、淋上甜酱食用的奥国甜点(Germknödel)等。

德国的意大利冰激凌

德国的冰激凌大多以料好实在、健康、口味多元的意大利冰激凌(Gelato)为主，可在街上买一二个球，1球约1欧元。在冰激凌店可以悠闲地坐下来，点一份满是水果或核仁的冰激凌盘Eisbecher，4～7欧元，十分美味！想在咖啡厅吃冰激凌盘，则要找标示有"Eis Café"的咖啡馆，内多售美味的花式冰品及香醇咖啡，午后一定要来尝尝！

香蕉与甜酒冰激凌

综合水果冰激凌

饮料 Getränke

在公共场所喝饮料对欧洲人来说，是极重要的文化，也是重要的社交活动。因此在欧洲喝饮料，每一口都值得细细品尝，因为价格颇高且分量不多，是名副其实的重质不重量，与美式可随意续杯且加入大量冰块的情况，大异其趣。

德国啤酒 Deutsches Bier

啤酒是德国的国饮，全国各地有上千家啤酒厂，每家都自豪于自己的配方及口味。啤酒馆、餐厅或啤酒花园的啤酒通常都新鲜且美味。

啤酒节常见的大酒杯为1升的"Mass"，但如果喝的不够快，啤酒的口感会变差，所以平常常见的大都为0.5升。

一般而言，啤酒节的啤酒最贵，5～6欧元；平常餐厅0.5升的啤酒，2～3欧元；超市的啤酒则便宜许多。请记住，餐厅或酒馆的啤酒最新鲜，其次为瓶装，再次才是易拉罐的。

常见的啤酒种类 (依制作过程不同而有不同的外观与风味)

啤酒名称	外观与风味
Weissbier	浅色透明的啤酒
Schwarzbier	深色俗称的黑啤酒
Dunklesbier	颜色较深的啤酒
Hellbier	颜色较淡的啤酒
Pils	未发酵完全的，由捷克的皮尔森来的
Hefeweizen	加酵母，不透明，有一种香味
Radler	加柠檬汽水而有甜味的淡啤酒
Alkoholfreies Bier	无酒精啤酒
Malzbier	麦芽啤，无酒精，甜味，台湾称为"黑麦兹"

举世闻名的德国啤酒

以下啤酒，具有独特的城市特色，而且只有在该城市才能尝到最地道的风味：

* 慕尼黑南德的酵母啤酒 Hefeweizen
* 柏林的白啤酒 Berliner Weissbier
* 科隆啤酒 Kölsch
* 杜塞尔多夫的老啤酒 Altbier
* 不莱梅的别克啤酒 BECK

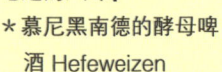

咖啡、茶

●咖啡

德国人喝咖啡一定是热的，一般咖啡是Normaler Kaffee，但也喝意式咖啡，其中包括浓缩咖啡(Espresso)、卡布奇诺(Cappuccino)、牛奶量多的拿铁咖啡(Caffe Latte)以及Latte Macchiato(法文是Café au lait，德文为Milchkaffee)，杯子大如小碗。

冰饮如Eiskaffe并非冰咖啡。而是加入冰激凌及鲜奶油的咖啡冰品。

●茶类

花草茶(Kräutertee)的种类极多，在超市或健康食品店都很容易买到。餐厅则供应红茶(Schwarzer Tee)、绿茶(Grüner Tee)、薄荷茶(Pfefferminttee)、花果茶(Früchtetee)等。

在餐厅用餐

一般餐厅

●服装

德国的餐厅通常不会对客人服装下规定，只要不是太随便，也就不失礼了。较高级的餐厅会需要带位，但德国大部分的餐厅，包括慕尼黑的啤酒餐厅，都可自己找位子坐。

●点餐

坐下后服务生会给菜单，或可向他说"Speise-karte，bitte"(英文的Menu在欧陆是指套餐的意思，所以不要用Menu这个词来要菜单)。有些餐厅有英文菜单点餐，可参考p.90的德国菜单范例。

Traveling in Germany

●结账

用完餐后，侍者会问好不好吃"Hat es Ihnen geschmeckt？"如果觉得好吃，请不吝给予赞美，请答很好"Sehr gut！"如果只答"Gut！"表示普通好吃而已。

买单时，坐在位子上向服务生招手"Zahlen, bitte！"以付现居多、刷卡较少。付钱时向服务生说个整数如48.60欧元，应给50欧元，并说声"Stimmt"，即表示礼貌上付了小费，并无须自己再加10%。

酒　馆

可称为Pub、Bar或者Kneipe。德国除餐厅以外，酒馆也是极重要的社交场所，有些城镇有Irish pub，都相当受欢迎。酒馆里当然是烟雾弥漫，音乐震耳，有些则可跳舞。有足球赛时，许多球迷会聚在酒馆看转播。酒馆里的啤酒都很新鲜，且有很多选择，但价格比餐厅高。

啤酒花园与啤酒餐厅

啤酒花园(Biergarten)或啤酒屋(Bräuhaus)是慕尼黑的特色，也是慕尼黑的灵魂。这些啤酒餐厅的共同点是只供应自家酿造、最自豪、最新鲜的啤酒！最棒的享受方式，当然是在充满休闲风的啤酒屋或户外啤酒花园，坐在长板凳上，大口大口地畅饮，并感受当地的豪情。

便宜实惠的餐厅推荐

●Nordsee北海海鲜连锁餐厅

在全德国大小城镇都可以见到的海鲜连锁餐厅，这里大概是德国最容易吃到海鲜的地方了，橱窗里有可以外带的各式海鲜三明治，夹馅有鲜虾、熏鲑鱼、炸鳕鱼、炸鲑鱼、腌酸鲱鱼(Herring)，又称"Bismarck"等。在店内则可选择自己喜欢的鱼排，搭配马铃薯当附餐。典型的有炸鳕鱼排蘸"Remoulade"白酱配马铃薯沙拉，以及水煮鱼排配蔬菜及小圆马铃薯。

●Imbiss

街头到处都有站着吃的快餐厅，可吃到三明治类及香肠类，饮料则可乐或热咖啡为主。

●Kaufhof

各大城市的火车站前或市区，都有Kaufhof或Karstadt百货，通常顶楼都是美食餐厅，采取自助式，可选用沙拉、主餐、甜点。餐点以典型的当地德国料理为主，但不是吃到饱，而是以取用的食物分项计费。

●美式快餐

以麦当劳最多，汉堡王次之，肯德基则极为少见。

用餐小提醒

德国没有免费的开水

请注意！通常餐厅不会提供免费的白开水，也不宜将自己携带的水拿到桌上喝，在餐厅坐下后通常就要先点饮料。

街头美食

以下介绍的街头食物，都是2～3欧元，既便宜又美味，边走边吃边聊天，十分惬意！

夹海鲜的三明治

供应各式鱼类、虾类等海鲜三明治。这里也有许多很香的炸海鲜Snack Box，有鱼、虾、小卷等。旅途中当作充饥食物，十分适合。

夹火腿或起司的三明治

面包店的橱窗里，通常有各式各样夹着火腿或起司的三明治"Belegtes Brütchen (Sandwich)"，尝起来都十分美味可口。有些面包店里还出售简易的比萨等。

德国的面包店 Bäckerei

遍布各地的面包店，除了供应夹好火腿、起司的三明治给游客，更是德国妈妈必定光顾的地方。常见的面包有Hausbrot、Bauernbrot、意大利式的Ciabatta、长条法国面包Baghette、可颂Croissant、巴伐利亚的咸卷面包Brezel。面包不论大小，都很结实，加上杂粮或核仁的都很香很好吃。多谷类的叫Mehrkorn，加南瓜子的叫Kürbliskern。面包店也出售各式方形切片蛋糕类，有起司蛋糕、布丁蛋糕和草莓、苹果等水果蛋糕，琳琅满目。

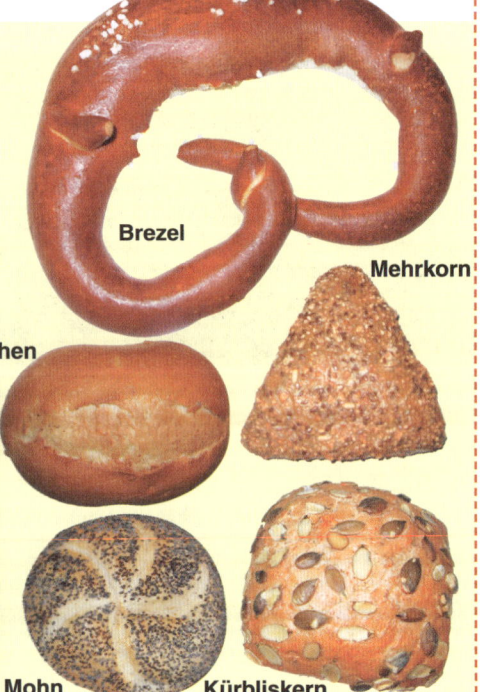

夹肉类的三明治

可在各城镇的Schlemmeyer熟食店买到现烤带皮猪肉，夹在面包里，十分美味。

土耳其口味的Döner Kebab

老板从火炉旁的羊肉或鸡肉串削下又热又香的肉片，配上许多生菜，夹进口袋面包，营养均衡，配上酱料，就是"Döner Kebab"（类似沙威玛但味道完全不同）。也有用饼皮卷的，形似墨西哥卷，东西比较不会掉，叫做"Döner Dürüm"。土耳其小吃店里还卖又油、又酥的饼皮做成的"Börek"，以及土耳其比萨，叫"Lahmacum"。

世界有名的德国香肠

德国是香肠王国，举凡长、短、粗、细，以及红的、白的、水煮的、油煎的、火烤的，应有尽有。在德国，香肠里肉的质感较扎实，大多是肉类的原味加上一点香料草提味。只有在德国，才能体验地道德式香肠的美味。

又长又白又粗的图林根煎香肠(Thüringer Bratwurst)，是最有名、也是最常见的街头及节庆食物。

慕尼黑水煮香肠(Münchner Weisswurst)蘸甜芥末酱、配咸卷面包及啤酒，是巴伐利亚式的吃法。

短细偏白的纽伦堡煎香肠(Nürnberger Bratwurst)一份通常是6条，香味较重。

长红细的法兰克福水煮香肠(Frankfurter)有时也称为维也纳香肠(Wiener Wurst)。

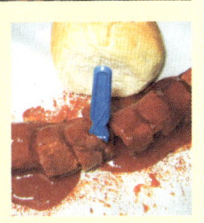

大热狗切片，并淋上大量番茄酱、咖喱粉及辣椒粉，就成了柏林人最爱的咖喱香肠(Berliner Currywurst)。

德国的菜单

主餐 Hauptspeise

肉类料理 Fischgericht

南德式烤猪腿	Schweinehaxe
北德式水煮猪腿	Eisbein
会淋酱汁的猪排	Schweinebraten
腌过的肉排	Sauerbraten
维也纳炸肉排	Schnitzel
匈牙利红椒炖牛肉	Gulasch
综合香肠盘	Wursteller
巴登—符腾堡邦大型面饺	Maultasche
猪	Schwein
牛	Rind
小牛	Kalb
羊	Lamm
鹿	Hirsch
鸡	Hähnchen
鸭	Ente
火鸡	Puten
火腿	Schinken
培根	Speck

海鲜 Meeresfrüchte

鳕鱼	Seelachs
比目鱼	Schollen
鲑鱼排	Lachsfilet

素食餐／无肉餐 Vegetarisch/Fleischlos

沙拉	Salat
综合沙拉	Gemischter Salat
番茄沙拉	Tomatensalat

配菜 Salat order Gemüse

著名的腌制酸白菜	Sauerkraut
高丽菜沙拉	Krautsalat
煮软的红高丽菜，有点酸甜	Rotkohl
综合沙拉	Gemischter Salat

附餐 Beilage

马铃薯(沙拉)常加入培根	Kartoffelnsalat
炸薯条	Pommes Frites
油煎马铃薯厚片	Bratkartoffeln
水煮的小颗马铃薯	Salzkartoffeln
薯泥	Püree
大颗水煮马铃薯球	Kartoffelnknödel
大颗水煮面粉球	Semmelknödel
西南部巴登—符腾堡邦的面疙瘩	Spätzle
面	Nudeln
米饭(不黏，略咸)	Reis

酱汁 Sauce

肉汁酱	Bratsauce
番茄红酱	Tomatensauce
奶油白酱	Cremesauce

水果 Obst

中文	德文	中文	德文	中文	德文
草莓	Erdbeeren	洋梨	Birne	樱桃	Kirsch
柳橙	Orange	香蕉	Banane	蜜桃	Pfirsich
苹果	Apfel				

饮料 Getränke

可乐汽水	Cola, Cola Light, Fanta, Sprite
矿泉水	Mineralwasser (通常是有气泡的)
柳橙汁	Orangensaft
苹果汁	Apfelsaft
葡萄汁	Traubensaft
Bitter Lemon	(柠檬汁+tonic water)
Apfelschorle	(苹果汁+气泡式矿泉水)
红酒	Rotwein
白酒	Weisswein
冰酒	Eiswein
啤酒	Bier

应用德语ABC

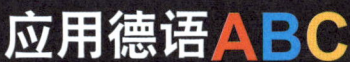

油煎或油炸的 Brat 或 gebraten	＿＿＿地方形式 Art	素食 Vegetarisch
水煮的 Koch 或 gekocht	附＿＿＿ mit	
火烤的 Grill 或 gegrillt	与＿＿＿ und	

例句

半只火烤猪腿附马铃薯球与酸白菜／12.00欧元
1/2 Gegrillte Schweinehaxe mit Kartoffelknödel und Sauerkraut／€12.00

维也纳式的炸火鸡排附薯条与综合沙拉／9.50欧元
Putenschnitzel nach Wiener Art mit Pommes Frites und Gemischtem Salat／€9.50

炸鳕鱼排附海鲜白酱与马铃薯沙拉／8.50欧元
Gebratener Seelachsfilet mit Remoulade und Kartoffelsalat／€8.50

抱歉，可以给我菜单吗？
Entschuldigung! Die Speisekarte bitte!

我要外带。
Ich möchte zum Mitnehmen.

我要在馆内享用。
Ich möchte zum Hieressen.

这些麻烦帮我打包。
Können Sie für mich packen?

请给我一杯水。
Bitte geben Sie mir ein Glas Wasser.

我要点＿＿＿，谢谢！
Ich hätte gerne ＿＿＿. Danke!

请问一共多少钱？
Wieviel kostet zusammen?

请给我跟他一样的菜。
Ich möchte das Gleiche bestellen.

请问有没有英文菜单呢？
Gibt es Speisekarte auf englisch?

哪里有素食餐厅？
Wo gibt es ein vegetarisches Restaurant?

有素食餐点吗？
Gibt es vegetarische oder fleischlose Gerichte?

汤变冷了。 Die Suppe wird kalt.

饮料不加冰块。 Ohne Eis bitte.

这个会辣吗？ Ist es scharf?

我点的东西还没来。
Die Speise, die ich bestellt habe kommt noch nicht.

对不起，我没有点这个。
Entschuldigung! Ich habe das nicht bestellt.

我们要一起／分开结账。
Wir wollen zusammen／getrennt bezahlen.

算30元。(例如账单28.5，付30，以1.5当小费)
30. Das stimmt.

可以找零钱给我吗？
Kann ich Kleingeld haben?

可以用信用卡结账吗？
Kann ich mit der Kreditkarte bezahlen?

请给我收据，谢谢。
Geben Sie mir die Quittung, bitte.

谢谢你，今天的东西很好吃。
Vielen Dank! Es schmeckt sehr gut!

开始在德国
自助旅行

玩 乐 篇
Sightseeing

到德国，哪里最好玩？

德国大城市很多，并不像许多国家仅专注于首都为唯一大都会。每个大城市都有自己的特色，共通性是它们都是购物天堂，也是世界级文化活动的殿堂。

德国特色景点	94
德国主题之旅	102
德国行程推荐	103

德国特色景点

德国有8 000多万的人口，处处都是精华地，有数不清的景点。举凡自然的、人文的、历史的、现代的、宁静的、跃动的，可说是应有尽有，永远发掘不完！本篇提供各具特色的行程建议，可选择自己喜好的规划安排。

德国的大城市

柏林 Berlin (首都兼第一大城)

既是政治中心，也最多元化，更是德国统一的象征，新的景点与建筑逐渐增建完成。

汉堡 Hamburg (第一大港兼第二大城)

位于德国北方，自古以来便有汉撒自由贸易同盟，使得汉堡成为自由开放的港都，全城到处是河、湖、海，处处娇艳醉人。

慕尼黑 München (第三大城兼文化首都)

是世人心中德国的代表，而其举世闻名的10月啤酒节(Oktoberfest，9月下旬～10月上旬)，更造就慕尼黑成为世界啤酒之都。

科隆 Köln (第四大城)

以德国最大的科隆大教堂与古龙水的发源地闻名于世。每年2月的嘉年华会(Karneval)是全德国最大、最热闹的庆典，是个充满活力的西部大城。

Traveling in Germany

玩乐篇

| 德国的乡野 | 德国的高山 |

德国春、夏景色

4月到处盛开的花朵，5月的油菜花田，南德丘陵地的绿草坡。

阿尔卑斯山 Die Alpen

位于德国南部，山色纯净自然，美景浑然天成，冬天则成为滑雪胜地。

德国秋、冬景色

黄红绿叶交杂的秋意，冬季白茫茫的雪景……样样都充满诗意，诱人、醉人。

楚格峰 Zugspitze

德国第一高峰，高2 962米，可于山城Garmisch Partenkirche搭乘火车，再坐缆车登峰。

德国的小镇风光

这可能是德国最吸引人的地方，著名的大学城，如海德堡(Heidelberg)、图宾根(Tübingen)、明斯特(Münster)、哥廷根(Göttingen)、弗赖堡(Freiburg im Breisgau)等；以及文化城，如罗腾堡(Rothenburg ob der Taube)、埃尔福特(Erfurt)、威玛(Weimar)、特利尔(Trier)，各个都有辉煌的历史，更有无比迷人的古城景致。

海德堡的老桥

德国的湖泊

博登湖

艾比湖

南部有最大的博登湖[Bodensee，英译为康斯坦茨湖Lake（Constance）]及黑森林的滴滴湖(Titisee)。而阿尔卑斯山的山中湖，有国王湖(Königssee)、艾比湖(Eibsee)等。还有东北德如同北欧有数不清的湖泊，连柏林郊外都有明媚的万湖，供夏日休闲。

德国的黑森林

以咕咕钟及黑森林蛋糕而享有盛名的黑森林(Schwarzwald)，以及位于德东哈尔茨山的哈茨森林(Harz)，均以巫婆与童话为特点。

德国的河景

内卡河 Neckar
美丽的桥墩与河景，将海德堡古城点缀得更加迷人。

莱茵河 Rhein
德国的父亲河，中游的谷地加上山上的城堡，是德国最美、最浪漫的景点。

德累斯顿易北河边

德累斯顿易北河边

法兰克福的美茵河(Main)、雷根斯堡(Regensburg)的多瑙河(Donau)、汉堡及德累斯顿的易北河(Elbe),都是极美的河流与城市的组合。

德国的格林童话之旅

除了城堡,若再加上童话故事,就完全沉浸在王子与公主的世界,这样的梦想在德国处处得以实现。例如格林兄弟的出生地哈瑙(Hanau)、会赶走老鼠的吹笛手的小镇哈梅恩(Hameln)、以赶走盗贼的动物音乐家闻名的不莱梅(Bremen)等,都是以童话为主题的热门旅游路线。详细行程介绍可见p.102。

不莱梅动物音乐家

随处可见的古屋,仿佛进到童话世界般

德国的海滩

北部的海滨有绵延不绝的银白色沙滩,阳光又不会太强,是喜好沙滩又不想晒黑的人们的最佳选择。东北部的吕根岛及乌泽多姆岛,是优质休闲度假的好去处。

旅游资讯这里找

行前请浏览一下各城市网站(www.城市名.de),由此可下载一些需要的资讯,包括地铁地图、城市地图等。当然你也可以在到达当地时,随即造访该城市的旅游中心(Tourist Information),通常在火车站前或市中心的老城区广场的旅游中心都可用英文询问所有想要的资讯,当然也可索取地图及地铁图。

德国的古迹

古城中常可看到有数百年历史的古屋，城中心的市政厅与集市广场，都是珍贵的历史遗产。有些城市甚至还保有城墙，如罗腾堡、纽伦堡等。

德国的中世纪城堡

数不尽的中世纪骑士与国王留下来的遗产，在德国境内到处都是，造访城堡宛如走进时光隧道，回到中世纪时期，是永生难忘的旅程。除了莱茵河畔的古堡，全德最唯美浪漫的要算是巴伐利亚国王——路易二世所建、位于南部德奥边界小城菲森(Füssen)附近的新天鹅堡(Königschloss Neuschwanstein)。另一座极富历史意义的城堡为西南方的霍亨索伦城堡(Burg Hohenzollern)。

唯美浪漫的新天鹅堡

德国的王宫

忘忧宫

德国有许多王宫，除了欣赏建筑之美及宫内的宝物外，宫廷花园更是美丽绝伦。最棒的要算是柏林郊外波茨坦的"忘忧宫"，以及慕尼黑的"宁芬堡王宫"，还有巴伐利亚国王路易二世的私人宫殿"林德霍夫宫"。

德国的老街

德国大小城市的市中心，都有辟为徒步区的老街，让游客悠游在老街、古屋、商店与餐馆之间，非常惬意，犹如漫游在时光隧道中。

德国的博物馆

德国之所以身为文化大国，原因之一是拥有数不尽的各类博物馆，慕尼黑的德意志博物馆是最重要的科技博物馆；柏林的博物馆岛，历史及美术展览十分丰富，被联合国列为世界文化遗产；法兰克福的美茵河南岸也有成排的博物馆。有些博物馆有特殊的主题，如科隆的巧克力博物馆、纽伦堡的玩具博物馆、汉堡的性爱博物馆等。各大城市也有艺术价值非凡的美术馆，都可经由该城市网站，查询相关的文化活动及景点。

佩加蒙博物馆(Pergamon Museum)自土耳其搬来重建的佩加蒙祭坛

德国的文化表演

德国是古典音乐的大国，大小城市都有许多的音乐会，大城市都有歌剧院频繁地上演名剧，且经常是世界级的乐团、剧团、舞团，或是当红的演奏家、指挥家等。喜好古典音乐的读者，在旅德期间可千万别错过欣赏音乐会或歌剧的机会。

查询表演及票务看这里

演出场次及票务都可由该城市网站(www.城市名.de)链接到音乐厅或歌剧院的网站查询及预约订票。预订票通常可用信用卡付费，然后在开演前于柜台取票。

德国的汽车博物馆

几十年来作为德国招牌的汽车工业，至今仍令德国人颇为自豪！若对德国车的历史感兴趣，一定要参观德国几个主要的汽车博物馆，如慕尼黑的博物馆、斯图加特的宾士博物馆、沃福斯堡的福斯汽车城，保证十分过瘾。

BMW World博物馆

德国的教堂

德南以天主教为主，德北则因尊崇马丁·路德的宗教改革而普信新教。全国大小城镇有数不清的宏伟教堂，里里外外都是艺术经典与文化圣殿。最负盛名的莫过于科隆大教堂，最宏伟的教堂包括弗莱堡大教堂、乌姆(Ulm)大教堂，及柏林大教堂等。德累斯顿的圣母教堂(Frauenkirche)在第二次世界大战时全毁，统一后才开始筹资重建，终于在2005年盛大落成，成为最新、最重要的教堂景点。

德国的商展

全球有70%的工商大展在德国，全德有十几个城市全年举办数百场大型展览，各行各业的展览琳琅满目，到德国参展、看展可与同行交流，并开拓商机。中国人最注重的莫过于3月的汉诺威电子展(CeBIT，一年一次)、4月的汉诺威自动化工业展(Hannover Messe，一年一次)、9月的法兰克福车展IAA(两年一次，单数年份)、9月的柏林消费性电子展IFA(两年一次，单数年份)，以及10月的法兰克福书展(一年一次)。

柏林的洪堡大学

范围内积极从事文化活动的学院，关于德语学习的资料很丰富。

地址：北京海淀区中关村南大街2号数码大厦B座17层
电话：010-82512909
网址：www.goethe.de/ins/cn

商展资讯看这里

欲到德国参展，请提早订旅馆及机票，相关信息也可咨询德国工商大会（DIHK）驻中国代表处，其在北京、上海、广州、香港和台北的代表处构成了整个德国工商大会（DIHK）的驻中国代表处。

德国工商大会（（DIHK）驻中国代表处
网址：china.ahk.de/cn/
电话：010-6539 6688（北京）

德国的现代建筑

走在时代前端的德国，处处有超现代的建筑，尤其在统一之后，对柏林及前东德地区的重建不遗余力，因此呈现出更多的现代风貌。其中柏林的波茨坦广场周边，都是全新的建筑，例如鼎鼎大名的"SONY Center"也已成为最新、最热门的景点。

德国的大学

德国的大学几乎都是公立的，政府花费大量的资金作为教育经费，一般学生(包括用德语学习的外国学生)几乎都是免学费。而德国各大学的素质整齐且优良，大多历史悠久、资源丰富，若有机会到德国过过大学生活，将会是人生一段美好的历程。

要注意的是，德国学制与中国不同，所以需长时间才能完成学业。近年来因应国际化的需求，也开始有英美学制般的Bachelor、Master课程，且有越来越多用英文上课的国际课程(要学费)，方便外国学生就读。如对德国大学或者学习德文有兴趣，可咨询歌德学院（中国），这个机构是德国在世界

德国的节庆

富足安乐的德国，一年四季到处都有节庆，例如2月有嘉年华会(Farsching, Karneval)，尤以科隆及斯图加特的附近城市为代表。春季4月时则有类似啤酒节的节庆，会场有许多小吃摊、啤酒馆及游乐设施；夏季6～8月在许多城镇的市中心会有露天音乐会；秋季则有最盛大有名的"慕尼黑10月啤酒节"(Oktobergfest，约9月下旬～10月初)，以及斯图加特的斯塔特啤酒节(Cannstatter Volksfeat，比慕尼黑啤酒节约晚一周)；11月底则到处是圣诞节的集市(Weihnachts-market)，随着节日的接近气氛就越浓厚，一定要来体验，其中最负盛名的应属纽伦堡的圣诞集市(Christkindlmarkt)。

圣诞市集

德国啤酒节

德国的名人故居

人文荟萃的德国，曾产生过许多影响深远的科学家、哲学家、音乐家、文学家及宗教家，在这些伟人的故乡，你可以造访他们的故居或博物馆，看看他们的遗物，好好地朝圣一番。

城市名称	名人
乌姆Ulm	科学家爱因斯坦Albert Einstein
特利尔Trier	哲学家马克思Karl Marx
波恩Bonn	音乐家贝多芬Ludwig van Beethoven
法兰克福及威玛Weimar	文学家歌德Johann Wolfgang von Goethe
路德城威腾堡Lutherstadt Wittenberg	宗教家马丁·路德Martin Luther
美茵兹Mainz	西方活字版印刷始祖古腾堡Gutenberg

德国的Spa水疗

许多欧洲国家都有天然优质的温泉或矿泉，德国也不例外。全德各地有许多具有特色的矿泉，千百年来，除了作为放松身心的场所外，多半还具有疗效，对身体健康极有帮助。德语国家会将地名冠上Bad(即英文的Bath)，以表示该地具有温泉或矿泉。近年来，这些温泉或矿泉区，都设有完善的Spa水疗设施，并辅以各式各样的Sauna噱头(例如：加入玫瑰花香或薰衣草香或用新颖的装潢来创造情境，或蒸汽浴(德文称Dampfbad)。

德国的公共SPA水疗，门票通常不贵，只要用关键词"Wellness"及"Therme"来搜寻，很容易找到SPA水疗场所。但要注意，有些地方是需穿泳衣的大众池(男女老幼共浴)；有些则是不能着衣(德文称Textilfrei)，成人才能入场的男女混浴；有些地方则会规定一周中的某一天只提供女性入场。

以下提供两处著名易到的SPA水疗场所：

● **Therme Erding**
位于慕尼黑东北郊，有欧洲最大的各式各样数十种Sauna。
交通：可搭捷运S2至Altenerding站前往
网址：www.therme-erding.de

● **Leuze**
位于斯图加特市中心附近的Bad Cannstatt，是欧洲最优质的矿泉之一。
交通：可搭捷运U14至Mineralbäder站前往
网址：www.stgt.com/stuttgart/leuzed.htm

Therme Erding

Leuze

德国主题之旅

参考德国观光局制定的旅游路线，来趟最富德国味的主题之旅，其中最热门的路线如下：

童话路线 Deutsche Märchenstrasse

德国到处是古朴的半木造屋(Fachwerkhaus，英文Half-Timbered House)及城堡，在格林兄弟(Jacob und Wilhelm Grimm)的笔下，处处编织着或实或虚的童话故事。

畅游童话路线，南起格林兄弟的故乡——哈瑙，然后到迷人的大学城——马堡及哥廷根，继续往北遍览每个城镇的童话故事，例如穿彩衣的吹笛捕鼠人——哈梅恩，以及最北端以4只动物音乐家闻名的不莱梅。梦幻中的童话景象，在眼前一一呈现。

＊交通建议：此路线可搭火车漫游。

浪漫路线 Romantische Strasse

德国最著名的旅游路线，可以充分体验南德罗曼蒂克的风情。北起威兹堡，一路往南至中世纪古城罗腾堡，然后是美丽的城市奥格斯堡(Augsburg)，之后是终点站富森，也就是新天鹅堡所在的城镇。

持欧铁、德铁周游券可享浪漫路线观光巴士优惠，兼顾浪漫与实际。

＊交通建议：慕尼黑虽不在浪漫大道上，但游客可于早晨在慕尼黑火车站外搭乘"Europa Bus"前往浪漫路线。

城堡路线 Burgenstrasse

这条古道所经过的城镇，都拥有硕大迷人的城堡，来此不妨体验当年贵族、骑士的传奇生活。西起大学城海德堡，经过许多古城来到罗腾堡与浪漫路线交会，然后到大古城纽伦堡，再到班贝格(Bamberg)、瓦格纳之城拜罗伊特(Bayreuth)，并向东延伸至无比醉人的百塔美都，也是观光重镇的捷克首都——布拉格。

＊交通建议：此路线也有Europa Bus观光巴士，持Railpass有极佳的优惠，且可在一天之内玩遍这么多特色小镇，非常值得！

阿尔卑斯山路线 Deutsche Alpen Strasse

这是一条仙境般纯净自然的路线，西起波登湖，体验充满自然风情的林岛；然后再欣赏最浪漫的富森新天鹅堡，探访路易二世国王最爱的林德霍夫堡；再攀上德国第一高峰楚格峰，享受辽阔视野、眺望美丽景致；最后抵达终点位于德国东南角、清澈如镜的国王湖，在此漫游阿尔卑斯山，置身湖泊与云雾中，令人终生难忘！

＊交通建议：各城镇间多有巴士连接，但班次不多，游览此路线最佳的方式是自行开车。

Traveling in Germany

玩乐篇

德国行程推荐

推荐 1 德国周游之旅

蒂蒂湖优美风光

利用一周的时间，游览德国的重点城市。例如周五傍晚，搭机到香港，然后转德航自香港飞至慕尼黑的飞机，周六清晨抵达慕尼黑，行程安排建议如下。德国城市距离不远，且交通工具班次密集，此建议行程是兼顾多样性又不会太赶。

	六	日	一	二	三	四	五	六	日
白天	慕尼黑	阿尔卑斯山区	慕尼黑	柏林波茨坦	柏林德累斯顿	汉堡不莱梅	科隆莱茵河中游	法兰克福晚间搭机回国	返抵国门
夜宿	慕尼黑	新天鹅堡城镇	往柏林卧铺列车	柏林	柏林	汉堡	莱茵河畔小镇波帕	机上	星期一销假上班

表格整理/林呈谦

推荐 2 全览德国

再加几天，包括德国西南部的行程，就可游览全德的各大城市及景点。

	六～五(一周)	六	日	一	二	三	四	五
白天	见上述	海德堡	黑森林滴滴湖	斯图加特宾士博物馆	博登湖	根茨堡乐高乐园	法兰克福晚间搭机回国	返抵国门
夜宿	见上述	海德堡	弗赖堡	斯图加特	林岛	斯图加特	机上	星期一销假上班

表格整理/林呈谦

推荐 3 德南惬意行

忘却世俗烦琐，沉醉在山林与古城小镇间。

	六	日	一	二	三	四	五	六	日
白天		慕尼黑	慕尼黑	海德堡	黑森林滴滴湖	斯图加特宾士博物馆	博登湖	法兰克福晚间搭机回国	返抵国门
夜宿	新天鹅堡城镇	慕尼黑	威兹堡	海德堡	弗赖堡	斯图加特	林岛	机上	星期一销假上班

表格整理/林呈谦

推荐 4 德国大城之旅

专攻文化资源与购物选择最丰富的法兰克福、科隆、汉堡、柏林、慕尼黑等大城，此行适合喜欢高档血拼、恣意购物，沉浸在博物馆或文化活动中的玩家。如欣赏歌剧、音乐会等表演活动，请先上网订票。

	六	日	一	二	三	四	五	六	日
白天	法兰克福	由法兰克福搭ICE到科隆看教堂	汉堡	由汉堡搭ICE到柏林	柏林	由柏林搭ICE到慕尼黑	慕尼黑	慕尼黑晚间搭机回国	返抵国门
夜宿	法兰克福	由科隆搭ICE到汉堡	汉堡	柏林	柏林	慕尼黑	慕尼黑	机上	星期一销假上班

表格整理/林呈谦

开始在德国自助旅行

购物篇
Shopping

到德国,哪里最好买?

德国的商品以品质精良闻名于世,令人可喜的是,德国许多商品物美价廉。若了解在德国购物的基本规则,将会发现在德国购物实在十分轻松愉快。

如何在德国轻松购物	**106**
购物现状	106
日常用品连锁店	106
精品店、百货公司	108
不可错过的德国特产	**109**
应用德语ABC	**111**

如何在德国轻松购物

购物现状

●购物形态

大多数的商店都是开架式的，而且标价清楚，一分钱一分货，无须讨价还价。

●商店

德国小店很少，大多是连锁店，所以每个城市的商店都很像，只要认得本篇所介绍的连锁店招牌，就可以放心入内、自在选购。

●城镇购物区

通常每一个城市都有一条主要街道，连接火车站(Hauptbahnhof)及市中心(Stadtmitte)。市中心则有市政厅(rathaus)、集市广场及几条街道形成的徒步区，方便购物。

●营业时间

周一～周六09:00(或10:00)～20:00，20:00以后及周日全天就只能看橱窗(Window Shopping)了，不过打烊后橱窗晚上也开着灯，十分赏心悦目。

日常用品连锁店

超市 Supermarkt

超市提供日常简单必需的饮食，最重要的东西大概是可乐、矿泉水等饮料，种类繁多且价格便宜。由超市的商品可看出德国人的生活方式，许多商品都很值得买回去品尝。

市区KAUFHOF及KARSTADT百货公司的地下楼都有大超市，一般连锁超市则在住宅区较易看到。

常见的大众超市有ALDI、LIDL、PLUS、SPAR、E activ Markt、Penny Markt等。

超市的饮料又多又便宜，需注意饮料钱里包含退瓶费

药妆店 Drogerie

德国没有便利商店，最像的大概就是药妆店了。药妆店极容易在市区找到，专售生活必需品及零食、饮料等，货色齐全，且德国的民生用品都十分便宜。此外，药妆店内所出售的保健品，也是物美价廉，因为德国气候干燥，很多保湿乳液用品都可以在药妆店选购。常见的连锁商店有Rossmann、dm、Müller等。

鞋店 Schuhe

较常见的鞋类连锁店包括：较高级的Salamander、Görtz，以及较平价的Leiser、Tack、Deichmann等。

眼镜行 Optik

除一般眼镜，这里也有抛弃式隐形眼镜、眼药水等，隐形眼镜相关用品在较大的药妆店也买得到。

书店 Buchhandlung

德国的书籍印刷精美、图片丰富，且书店常有图文并茂的特价书，如食谱书、园艺书等。最重要的连锁书店是Hugendubel。

3C电器 Elektro-Gerät

常见的3C大卖场是MediaMarkt及Saturn，货色虽应有尽有，但价格不如中国便宜。若想选购家电回家，一定要考虑电压及插头等问题。

相片馆 Photo-Laden

若需冲洗照片可在这种店完成，传统、数码皆可，但价格并不便宜。有些冲洗店提供记忆卡刻录光碟服务，可解决旅途中记忆卡容量有限的困扰。

药房 Apotheke

德国到处都有药房，其招牌全国统一，都是红色变形的A字样。若无医师处方，就只能买一般的止痛、消炎或感冒药等。店门口通常有喉糖、维他命等特价品。药房的店员都有基本的英文沟通能力，若身体真的不适，他们也会推荐医师及诊所。

服装店 Kleidung

德国小型服饰店不多且没有廉价品。除Kaufhof、Karstadt等百货公司外，H&M、C&A、Peep&Cloppenburg、ZARA、Breuniger等服饰连锁店的品质，也都在水准之上。

传统市场 Markt

除周日外，你可以在市政厅或大教堂前的集市广场，逛逛当地的传统市场，这里有最新鲜的食物，也具有浓浓的乡土民风。

精品店、百货公司

百货公司 Kaufhaus

Galeria Kaufhof及KARSTADT两家连锁百货公司遍布全德，在各城市的火车站前或市中心都可见到。德国百货公司的楼层配置，几乎千篇一律，一楼(Erdgeschoss，德国称E楼)为化妆品、珠宝、百货；二楼(Stock，欧洲人称第1楼)以上为女、男服饰、家用品、玩具、书店、运动用品等，最上层通常是自助式餐厅；地下楼则是超市或小礼品区。百货公司商品齐全，采用开放式的展示十分容易选购。

德国最高级的百货公司 KaDeWe

德国最有名、最壮观、最高级的百货公司，非柏林的KaDeWe莫属。这个欧洲最大的百货公司，是昔日西方资本主义向东欧社会主义炫耀的橱窗，商品极多，品牌齐全，令人叹为观止。

精品店 Luxusladen

德国的精品店，品牌及样式都十分齐全，展售法国、意大利、德国的名牌精品。名牌精品店在大城市中很容易看见，最有名的当属时尚城市杜塞尔多夫的国王大道(Königsallee)、法兰克福的歌德街(Goethestrasse)、慕尼黑的马克西姆大街(Maximilianstrasse)，以及柏林西区的购物大街库达姆大道(Ku'Damm)的西端。

大型百货商场 Shopping Mall Promenade/Arkaden

各大城市都有既现代又方便、新建的购物商场，尤其是德国东部的城市。在这里购物，不仅赏心悦目，而且超有效率。

珠宝Schmuck、钟表Uhren

货真价实的贵重物品最好在大型的连锁店购买，如Swarovski水晶店、WEMPE及Christ等珠宝钟表店。这些商品大都陈列于橱窗中，并有标价，可以先在店外尽情观赏。

不可错过的德国特产

不锈钢制品

德国的不锈钢制品的品质优良，全球知名，一向广受推崇，最值得选购的莫过于WMF的家庭用品；而另一个知名度在中国较高的双人牌刀具(Zwilling)，也值得购买，让你一探德式生活的精致品位。

葡萄酒

尤其是莱茵河中游及德国西南部产的白葡萄酒、冰酒，举世闻名且价格低廉，其中最受欢迎且最普遍的当属"Riesling"。全德各地都买得到物美价廉的葡萄酒，若想带回国，则须特别注意包装及运送。

香水

随处可见Douglas香水店，香味齐全，任君试用、挑选，是购买香水、保养品的最佳场所。

汽车模型

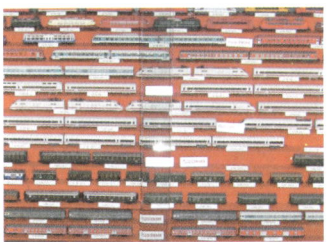

德国有许多传统上极为精良且备受喜爱的产品，例如火车、汽车模型等，可在大街上的专卖店或百货公司的玩具部门买到。

巧克力

超市的货架上就很丰富，而且价格便宜，专柜及专卖店的则较高级、昂贵。

健康食品

德国的健康药品及有机食品品质优良，深获好评，各城镇都可见到Reformhaus健康食品店，是许多人的养生购物圣地。各地方都有与Reformhaus合作的公司，虽名称不一、搭配的招牌也不太一样，但Reformhaus的Logo是一定会有的，走在路上眼睛放亮一点，应该不难找到。

常见的健康食品的德文

蜂胶	Propolis
鲑鱼油	Lachsöl
南瓜子油	Kürbiskernöl
维生素	Vitamin
钙质	Calzium
铁质	Eisen
胶质	Gelatine
银杏	Mistel
山楂	Weissdorn
人参	Ginseng
蒜头	Knoblauch
蜂王精	Gelee Royal

黑森林咕咕钟

人见人爱的咕咕钟,以德国西南部的黑森林为故乡,所以个个都充满浓浓的森林风情。在纪念品店可细细观赏各式各样的咕咕钟,不妨请店家老板示范咕咕钟的报时方式。

彩绘啤酒杯

对于重视传统的德国人而言,拥有一个深具个人品位与家乡风味的啤酒杯,是一件深具意义的大事。游客则可入境随俗,在纪念品店买个自己心爱的艺术啤酒杯,然后在餐厅里指定要用自己的啤酒杯喝啤酒。

摄影器材

如莱卡(Leica)、蔡司(Zeiss)等摄影、光学名牌,都可以在大城市百货公司的摄影器材部门买到。

德国瓷器

瓷器名牌"Meissen"是来自传统的陶瓷之都"迈森"的极品。瓷器娃娃的精品"Goebel",每尊都是手工精绘。其他瓷器名牌还有Villeroy&Bloch以及Rosenthal。

退税说明、手续

在德国(或欧盟各国),外国人在同一家店内购买自用品或礼品的金额超过约30欧元,即可跟商店要求填写TAX FREE免税单,可在机场出境前办理退税手续。因为无法预期办理退税的人多不多,所以一定要提早到机场,以免办理时间不足,影响登机。

退税步骤:

1. 抵达机场办理登机手续并划位,然后跟柜台说明要办理退税。
2. 服务人员会请你把行李拉上去让他们贴上行李托运贴条。
3. 然后带着登机证及已贴上托运贴条的行李,沿着TAX FREE的标志到退税处,海关会要求打开行李箱查看。
4. 经查看后,海关会在你的退税单据上盖章,然后行李将由这里直接托运上飞机(建议将要退税的物品放在行李的最上层容易找到、查看的地方)。
5. 接着,带着退税单据至退税窗口,柜员会将税款退还给你,可以选择美金或欧元。

Traveling in Germany

应用德语ABC

实用单字

保养	Pflege
皮肤	Haut
脸	Gesicht
手	Hand
足	Fuss
颈	Hals
眼睛	Augen
身体	Körper
指甲	Nagel
干性	Trocken
油性	Feucht
敏感性	Empfindlich
混合性	Misch
一般	Normal
适合任何肤质	Für jede Haut
洗面乳	Waschgel / Waschencream
化妆水	Gesichtswasser
乳液	Milch
面霜	Creme
日霜	Tagescreme
晚霜	Nachtcreme
眼霜	Augencreme
护手霜	Handcreme
身体乳液	Körpermilch
沐浴乳	Duschgel
洗发精	Shampoo
蜂蜜	Honig
杏仁	Mandel
杏桃	Apricose
橄榄油	Olivenöl
书店	Buchhandlung
百货公司	Kaufhaus
超市	Supermarkt
药妆店	Drogerei
男装	Herren-Mode
女装	Damen-Mode
帽子	Hut
上衣	Hemd
套装	Anzug
裙子	Rock
鞋子	Schuhe
靴子	Stiefel
夹克	Jacke
围巾	Schal
包包	Tasche
手套	Handschuhe
长大衣	Mantel

实用会话

商店关门
geschlossen

商店开门
geöffnet

我想要买_____。
Ich möchte _____ kaufen.

如：我想要买身体乳液。
Ich möchte Body Milk kaufen.

这是适用于干性皮肤吗？
Ist es für die trockne Haut?

有别的品牌／颜色吗？
Gibt es andere Marke / Farbe?

多少钱？
Wieviel kostet?

这太贵了，有折扣吗？
Es ist zu teuer. Gibt es Ermäßigung?

我想用信用卡／现金付款。
Ich möchte mit Kreditkarte / Bargeld bezahlen.

可以试穿吗？
Darf ich anprobieren?

我的尺寸是S／M／L。
Meine Groesse ist S(Klein) / M(Mitte) / L(Gross).

你算错了。
Sie haben falsch rerechnet.

不好意思，请告诉我如何办理退税手续？
Entschuldigung. Wie kann ich Tax-Free machen?

开始在德国自助旅行

通信篇
Communication

在德国，要打电话、上网、寄信怎么办？

德国的公共电话怎么使用？如何便宜打国际电话？本篇教你省钱的好方法。另外，网吧哪里找？信件、包裹怎么寄？这里通通教会你。

打电话	114
如何使用公用电话	114
如何使用手机	115
如何从中国打电话到德国	115
上网	116
邮寄	116
应用德语ABC	116

打电话

德国是通信科技的大国,手机使用很普遍,且随处都有公共电话亭,所以通话十分方便。又因近年来电信民营化的影响,使得通信方式越来越多元,也为旅客省下不少通信费用。

如何使用公用电话

在德国打电话,最方便的方法是使用德国电信局(Deutsche Telekom)桃红色logo的公用电话亭,在公共场所或城镇街头都可轻易找到。投币式的公用电话基本单位为0.1欧元,电话卡(IC卡)则可在书报摊买到,有5欧元、10欧元等。

在德国打电话,找Deutsche Telekom桃红色标志的公用电话亭就对了

便宜国际电话这样打

建议购买电话预付卡(Pre-paid),打回中国可以便宜不少。电话预付卡可以在书报摊买到,或闹区街巷内的亚洲商店、杂货店购买。但要注意的是,使用此类电话卡要先拨打一个0800的电话号码,0800的号码若使用家用电话拨打是免费的(使用旅馆的电话也有可能不是免费的,打之前最好向柜台询问清楚);但在公共电话亭使用,还是要先插入电信局的电话卡,这就不是免费的了,需要特别注意。

0800电话拨通后,还需输入此卡背面的密码(使用硬币刮出),然后再拨00-886-区域码(去0)-电话号码,不过有时通话质量并不十分理想

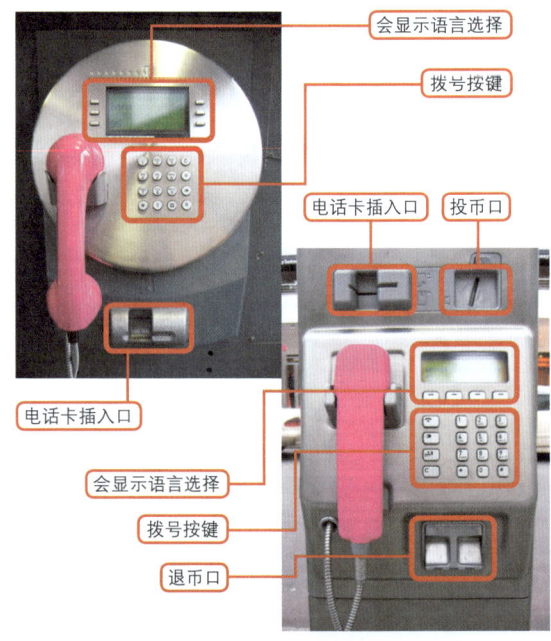

- 会显示语言选择
- 拨号按键
- 电话卡插入口
- 投币口
- 电话卡插入口
- 会显示语言选择
- 拨号按键
- 退币口

电话使用小提醒

节省电话费秘技!

请注意!德国电信局的电话费超贵,如果照上述的方式打电话到中国,1张10欧元的电话卡一下子就没了,以下介绍一个秘诀,可延长3倍以上的时间:拨"01805024024"后听到英文语音"Welcome to"后,马上按"#"字键后,即可开始拨正常打电话的号码,如此,会省很多,拨错号码马上挂断重拨即可。

公用电话使用范例

拨打	使用	范例说明
打市内	直接拨号，不加前码	从柏林拨至中国驻德国大使馆，请拨275880
打其他城市	城市码＋用户电话	从柏林以外的城市拨至中国驻德国大使馆，请拨 (030)275880
打对方德国手机号码	直接拨对方手机号码	如手机号码为01777323直拨即可
打到德国以外的国家	先拨00再加国码，然后拨区域号码，不加0	
打回中国	拨00＋国码86＋区域码＋对方号码	在德国要拨给德国驻中国大使馆为00-86-10-85329000

如何使用手机

若使用手机国际漫游方式直接拨打回中国北京(如00+86+10+XXX-XXXX)，虽方便但话费极高，因此建议可向书报摊或各城市大街上的电信公司(如德国电信Telekom或称T-Mobile、02等)询问，是否有卖手机电话的预付话费SIM卡，并取得一个暂时的手机号，如此在德国使用手机，会方便且经济许多。

用手机拨打使用范例

拨打	使用	范例说明
打德国市话	城市码＋用户电话	拨至中国驻德国大使馆，请拨(030)275880
打德国手机	直接拨对方手机号码	
打北京市话	先拨00＋国码＋区域号码(去0)＋电话号码	拨至德国驻中国大使馆00-86-10-85329000
打北京手机	先拨00＋国码＋手机号码(去0)	如：0018６185329000

＊德国时差为晚中国7小时，夏令时间约4月中旬到10月底，则为晚中国6小时，打电话时需注意。

如何从中国打电话到德国

德国的国际区码为49，柏林的区域码30，法兰克福为69，慕尼黑为89。

从中国北京打电话到德国使用范例

拨打	使用	范例说明
市话打德国市话	010＋49＋区域号码＋电话号码	拨至中国的驻德大使馆，请拨010-49-30-27-5880
市话打德国手机	010＋49＋1＋手机号码	如：010+49+1+XXX XXXX
手机打德国市话	010＋49＋区域号码＋电话号码	拨至中国驻德国大使馆，请拨010-49-30-27-5880
手机打德国手机	010＋49＋1＋手机号码	如：010+49+1+XXX XXXX

上网

德国的Internet很普及，只是要是在大城市旅行，要找到可上网的地方并非难事，如此一来，要收寄邮件或是打网络电话就不难了。

至于无线上网，一般来说，德国除大城市外，并不如中国来得普遍。某些大型公共场所，提供免费无线上网，例如柏林波茨坦广场(Potsdamer Platz)的"SONY Center"只要带可无线上网的笔记本电脑，则可享受此服务。若外面天气太冷，则可到区内的咖啡厅坐坐，也可一边使用自己的电脑上网。若不知哪里有提供免费上网的公共场所，不妨问城市的旅游中心(Tourist Information)。有些现代型餐饮连锁店，如Dunkin Donut，有Easy Internet的服务。若携带智慧型手机、平板电脑，请记得将3G漫游功能关闭，以防花了一大笔冤枉钱。

有些电信公司提供收费上网服务，如T-Mobile，在德国的许多公共场所有营业点，在大城市的大部分地区也都可收到信号。若要在该地停留的时间频繁地使用其服务，可以上网买一组登陆的账号及密码(通常是用信用卡付费)。当然，买的期限越长，单位时间的价钱相对越低。

Internet的德文与英文发音一样，无线上网则称为W-LAN（W发[ve]的音，LAN则发[lan]的音）。

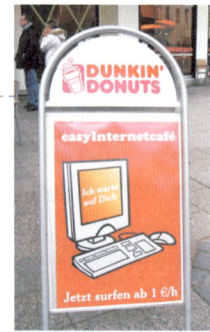

Dunkin Donuts提供Easy Internet的服务

Internet Café

邮寄

德国邮局(Deutsche Post)的黄色号角招牌十分醒目，在各大城市的火车站或市中心都有邮局。德邮的服务十分不错，出售的信封、纸箱、卡片等商品齐全，缺点是邮资昂贵，而且不接受刷卡。

寄信回中国：明信片需1欧元，基本的信件为1.55欧元；如果是非标准信件，例如寄CD，则需另外加价，邮资相当昂贵。

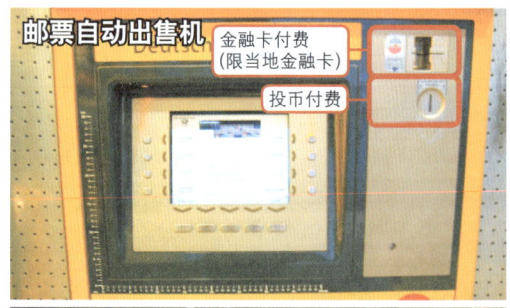

邮票自动出售机
金融卡付费（限当地金融卡）
投币付费

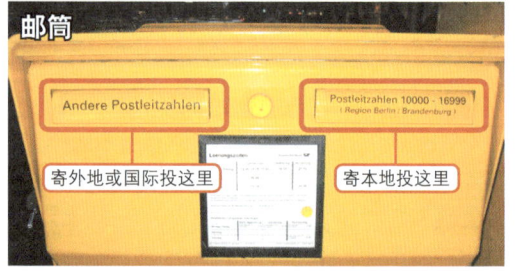

邮筒
寄外地或国际投这里
寄本地投这里

应用德语ABC

实用会话

我想要换钱。
Ich möchte Geld wechseln.

哪里有电话卡？
Wo gibt es Telefonkarten?

哪里可上网？
Wo gibt es Internetzugang?

哪里有邮票？
Wo gibt es Briefmarken?

应变篇
Emergencies

在德国，
发生紧急状况怎么办？

德国治安良好、人民守法，不过出门在外还是得小心谨慎。如何报警、寻求协助，本篇提供各种意外状况的危机处理办法。

遇到紧急状况怎么办？	118
遗失护照怎么办	118
遗失机票怎么办	118
遗失旅行支票怎么办	118
遗失信用卡怎么办	118
东西遭窃怎么办	119
内急找厕所怎么办	119
身体不舒服怎么办	120
应用德语ABC	120

遇到紧急状况怎么办？

遗失护照怎么办

● **Step 1**
　　护照遗失时，请马上至德国警察局办理护照遗失登记，申请一份遗失报案证明。

● **Step 2**
　　拿护照遗失报案证明至中国驻德国大使馆申请护照补发。

办理护照补发所需要的证件如下：

① 护照遗失报案证明。
② 填写完整的护照申请表。
③ 近期免冠照片1张。
④ 居民身份证和户口簿及复印件。
⑤ 护照补发费用每本25欧元。

遗失机票怎么办

　　联络所搭乘航空公司的当地办事处，将遗失的机票登记挂失，会收到一份机票遗失申请表，记得要复印一份留存。补发的机票多半还是要由乘客先行重新付费，等回国再办理相关退费手续。

遗失旅行支票怎么办

　　只要旅行支票尚未签下款签名，且仍保有收据、支票号码，可以马上打电话挂失。若是遗失现金，那就只能麻烦中国家人帮忙汇款救急了。

美国运通旅行支票挂失电话：0800-101-2362(德国)

遗失信用卡怎么办

　　若信用卡遗失，应尽快向发卡银行挂失，只要尽早挂失且运气不算太差，要盗用你的信用卡的坏人通常不会签中文姓名，大致上不用太担心。最好将银行的信用卡服务专线电话记好，或与信用卡分开放置，若信用卡遗失，马上打电话给银行挂失是最保险的方法。

Visa、Master、Plus、Cirrus……

信用卡挂失这里办

以下为一些信用卡在德国的联络电话：
VISA：0800-182-2891
MASTER Card：0800-819-1040
American Express：法兰克福 + 49-69-9797-2727
JCB Card：法兰克福 + 49-69-292059

大城市也会有这些信用卡相关业务的办公室，可向旅游中心(通常在火车总站前，为红底白色"i"字样)询问地址及电话，也可就近到街上的银行问问看。

旅行安全小提醒

证照遗失、遭窃的预防措施
　　建议在出国前就应将护照、签证、机票、旅游平安保险、信用卡等复印两份，一份放家里给家人保管，另一份带着，但要与正本分开放置。旅途中对随身财物需随时注意，贵重物品或证件应随时分散放置，并要有一旦钱财遭窃或证件遗失时的应变计划。

应变篇

重要联络信息看这里

赴德航空公司联络方式

航空公司	网址	联系电话
中国国航	www.airchina.com.cn	00-800-86-100-999（仅供座机）
汉莎航空	www.lufthansa.com	+4008 868 868

中国驻德国使领馆

中国驻德国大使馆
地址：Märkisches Ufer 54, 10179 Berlin
总机：030-27588-0
网址：http://www.china-botschaft.de
办公时间：周一至周五 8:30～12:30　13:30～17:00
领事部地址：Brückenstraße 10, 10179 Berlin
电话：030-27588529
对外办公时间：周一至周五 9:00～12:00，下午仅接待预约客人

中国驻法兰克福总领事馆
地址：Stresemannallee 19-23, 60596 Frankfurt am Main
交通：乘S3线轨道交通至Frankfurt(Main) Stresemannallee站，沿Stresemannallee向北步行450米即可到达
办公时间：周一至周五08:30～12:30　13:30～17:00
电话：069-75085545（非签证等领事业务咨询电话）
　　　0049-(0)15117129745（只限紧急情况拨打）
　　　069-26919130（普通签证咨询电话，每周一至周五9:00～16:00）
　　　069-75085534（特殊签证咨询电话，每周二、四15:00～16:00）
　　　069-75085548（护照咨询电话，每周二、四15:00～17:00）
　　　069-75085549（公证认证咨询电话，每周二、四15:00～17:00）

中国驻汉堡总领事馆
地址：Elbchaussee 268, 22605 Hamburg
交通：乘城铁S1线路至Othmarschen站，换乘286路公车至Parkstraße站下车即可
领侨室对外办公时间：周一至周五9:00～12:00
电话：040-82276018（领事业务咨询电话，每周二、四15:00～17:00，节假日除外）
　　　01752460080　01608942607（领事保护电话）

中国驻慕尼黑总领事馆
地址：Romanstrasse 107, 80639 München
交通：从慕尼黑火车总站乘16路或17路有轨电车（Tram）至罗曼广场（Romanplatz），下车后可沿Romanstraße或Gaßner Straße步行约500米即可到达
领事部对外办公时间：周一至周五9:00～12:00（中、德节假日除外）
领事部电话：089-17301618（签证、护照、旅行证、公证、认证，每周一、周三15:00～17:00）
　　　　　　01755452913（领事保护紧急求助电话）

东西遭窃怎么办

　　一般而言，欧洲甚少有重大犯罪事件，但在一些工商大城市或热门旅游景点，可能有些许扒手或惯窃。与欧洲几个旅游大国或观光大城市相比，德国的治安算是良好的，但在人口较复杂的城市或公共场所，或火车、电车上，仍应时时提高警惕。

　　德国近年来失业率居高不下，治安似有退步之虞，所以身为游客要时时看管好自己的财物，不要到较暗或冷清的地方，女性不要在夜里单独行动，以确保安全。

　　若不幸遇上扒窃，不要慌张，首先要与警方联络。在公共场所发生时，如火车站，则向设置于车站的警察局报案；若在大街上或百货公司，则可到百货公司服务台请求协助，他们可代为报案。

　　如无人可求助时，就自己报警，虽然警察几乎无法找回财物，但可开立文件证明旅客身份，通关都无问题。

德国警车为绿（或蓝）底白字的POLIZEI

内急找厕所怎么办

　　洗手间在德国最普遍的写法是"WC"，其次是"Toilette"。最容易找到厕所的地方是火车站、麦当劳、百货公司，但德国公共场所的厕所大多需要付费使用，通常是将20分或50分的零钱置于出口的盘子里。大城市市区的街头或风景区，可见到"City Toilette"之类的投币式公厕，需投入50分，投一次钱只能使用一次。

身体不舒服怎么办

●药房

旅行出发前请记得携带随身药品，如自己常用的感冒、止痛、肠胃、皮肤药等。如果在旅行期间身体不适，身边也没有合适的药品，你可以在随处可见的药房，向药师询问、购买合适的药品。通常大城市市区的药房，会有说流利英文的药师。药房也会出售维生素等营养品或喉糖等，有时店外也会摆些特价药品出售。

●德国的诊所

德国的天气对中国人来说，夏天常会极凉，春、秋则日夜温差大，冬天室外寒冷，但室内可能太暖，加上空气较干燥，所以有些人一到德国会适应不良而有感冒症状。如果真的很不舒服，最好还是去看医生，可向旅馆询问附近的诊所及医生，一开始都是看全科(Allgemeine)，医生大都会讲英文，诊所大多位于住宅区，招牌都很简单，得仔细找才能察觉，若非先预约，有可能要等数小时。

医生开的药要到药房购买，诊所的附近就会有药房。诊疗费及医药费可能会很昂贵(例如50~100欧元)，回国后，可凭德国诊所的收据向保险机构申请补助。

应用德语ABC

实用单词

发烧 Fieber
感冒 Erkältung
腹泻 Durchfall
牙痛 Zahnschmerzen

腹痛 Magenschmerzen
发炎 Zündung
头痛 Kopfschmerzen

救命！Hilfe!
注意！Achtung!
小心！Vorsicht!

实用会话

你可以帮我推荐一位会说英文的医生／牙医吗？
Können Sie mir einen guten Englisch sprechenden Arzt / Zahnarzt empfehlen?

最近的药房在哪里？
Wo ist die nächste Apotheke?

请快叫救护车／警察／消防队！
Rufen Sie bitte schnell einen Krankenwagen / die Polizei / die Feuerwehr!

有人偷了我的钱／包包／钥匙／护照／皮箱。
Man hat mir Geld / die Tasche / die Schlüssel / den Reisepass / den Koffer gestohlen.